EU DECIDO SER EU

Um guia para você se libertar do mito da mulher perfeita, se reinventar e atingir a sua liberdade física, emocional e financeira

Seja uma mulher livre

Seja uma mulher FREE FREE

Yasmine McDougall Sterea

DVS EDITORA

São Paulo, 2020
www.dvseditora.com.br

EU DECIDO SER EU EU DECIDO SER EU

EU DECIDO SER EU

Yasmine McDougall Sterea

EU DECIDO SER EU

Um guia para você se libertar do mito da mulher perfeita, se reinventar e atingir a sua liberdade física, emocional e financeira

Copyright© DVS Editora Ltda 2020
Todos os direitos para a língua portuguesa reservados pela editora.

Nenhuma parte dessa publicação poderá ser reproduzida, guardada pelo sistema "retrieval" ou transmitida de qualquer modo ou por qualquer outro meio, seja este eletrônico, mecânico, de fotocópia, de gravação, ou outros, sem prévia autorização, por escrito, da editora.

Design: Louise Winkler Freshel
Ilustrações: Stephanie Medeiros
Revisão: Fábio Fujita
Fotos: Cassia Tabatini / Beleza: Suy Abreu

```
Dados Internacionais de Catalogação na Publicação (CIP)
          (Câmara Brasileira do Livro, SP, Brasil)

   Sterea, Yasmine McDougall
      Eu decido ser eu : seja uma mulher livre, seja
   uma mulher free free / Yasmine McDougall Sterea ;
   [ilustrações Stephanie Medeiros]. -- São Paulo : DVS
   Editora, 2020.

      ISBN 978-85-8289-242-8

      1. Autoaceitação 2. Autoconhecimento
   3. Desenvolvimento pessoal 4. Mulheres - Psicologia
   5. Transformação pessoal I. Medeiros, Stephanie.
   II. Título.

20-36698                                    CDD-158.1
           Índices para catálogo sistemático:

   1. Mulheres : Autoaceitação : Psicologia aplicada
         158.1

      Cibele Maria Dias - Bibliotecária - CRB-8/9427
```

Nota: Muito cuidado e técnica foram empregados na edição deste livro. No entanto, não estamos livres de pequenos erros de digitação, problemas na impressão ou de uma dúvida conceitual. Para qualquer uma dessas hipóteses solicitamos a comunicação ao nosso serviço de atendimento através do e-mail: atendimento@dvseditora.com.br.
Só assim poderemos ajudar a esclarecer suas dúvidas.

Mulheres que se expandem não cabem nas caixinhas de mulher perfeita. Saia da caixa. Seja você. Seja potência.

Sumário

8	-	Carta para minha mãe
10	-	Carta para minha filha
12	-	Prefácios
16	-	Introdução
19	-	Meditação
20	-	O espelho é e deve ser seu melhor amigo
23	-	Chega de se sabotar
24	-	Depoimento Cleo
27	-	Manhã Free Free
46	-	Depoimento Daniela Cachich
49	-	Espiritualize-se
50	-	Vamos montar um cantinho Free Free?
53	-	Rituais
54	-	Depoimento Dora M. Bentes
57	-	Perdão
58	-	Respire
61	-	Mulher Maravilha
62	-	Depoimento Claudia Leitte
65	-	Medo de ser julgada?
66	-	Vergonha do que os outros pensam?
69	-	Vamos trabalhar a culpa?
70	-	A moda me salvou
73	-	Você não precisa ser perfeita
74	-	Ser feliz não significa não ter dias tristes
77	-	Peça ajuda!
78	-	Depoimento Valeria Scarance
81	-	Moda é terapia
82	-	Depoimento Thelma Dias do Vale
85	-	Você está criando seus próprios papéis?
87	-	Você não pode sair de casa pelada
90	-	Depoimento Sophia Abrahão
93	-	Com a moda você pode ser quem quiser
97	-	Moda e os cinco sentidos
98	-	Seu corpo é seu lar
100	-	Depoimento Juliana Ferraz
105	-	Você pode ser quem você quiser. Basta ter coragem!
106	-	A moda sempre foi cíclica e hoje quem dita esse ciclo é você
108	-	Depoimento Patricia Santos

- 111 - Vista a mudança que você quer ver no mundo
- 112 - Ciclo positivo
- 117 - Tire as roupas tristes do armário
- 118 - O que fazer com as peças que vão embora
- 120 - Depoimento Marcella Kanner
- 123 - Reconexão com sua potência criativa
- 124 - Encontre seu propósito
- 126 - Depoimento Izabelle Marques
- 128 - É na vulnerabilidade que nos conectamos com nossa potência
- 131 - O que é o sucesso para você?
- 132 - Abrace suas frustrações
- 135 - Trabalhe com algo em que acredite
- 137 - Sobre empreender
- 138 - Depoimento Ana Fontes
- 141 - Isso pode estar te paralisando
- 142 - Seja um exemplo
- 143 - Não se sabote!
- 144 - Crie objetivos e seja consistente
- 146 - O sucesso deixa pistas
- 148 - Depoimento Viviane Duarte
- 150 - Estereótipos que paralisam
- 152 - Depoimento Ezra Geld
- 154 - Não tenha medo do seu sucesso! O seu sucesso faz o mundo ser melhor
- 158 - Zebra Zebra
- 160 - Depoimento Camila Achutti
- 163 - Crie um novo significado para as coisas
- 169 - Não existe liberdade sem liberdade financeira
- 170 - Depoimento Carol Sandler
- 172 - Seja responsável pela sua vida
- 174 - Finanças pessoais
- 177 - O luxo de hoje é ter tempo, ser chic é fazer a diferença
- 178 - Será que você vende seu tempo?
- 181 - Investir é comprar tempo
- 182 - Investir é para você, sim!
- 187 - Olhe para o futuro
- 190 - Vamos se libertar do mito da mulher perfeita?
- 194 - Carta Final
- 196 - Sobre a autora

Carta para minha mãe

Mãe,

A era da eterna padronização da mulher está acabando. Hoje vivemos um mundo de transformação. Os muros que nos cercavam desmoronaram, a terra virou de cabeça para baixo, a gaiola de ouro se abriu. As mulheres começam a perceber que são elas que decidem suas vidas. A loucura mudou de endereço. A brisa do vento voltou a refrescar a pele. A beleza transmutou. O diferente hoje é aplaudido. Não existe mais o fora do padrão. Afinal, quem decidiu esse padrão? Aqueles que ainda pensam como antigamente sofrem e lutam para o velho se tornar o novo. Mas isso já não tem mais como. O mundo mudou. A nova era chegou. Quem não deixar escorrer conceitos ultrapassados do que é certo e errado sofrerá. Essa será a nova loucura. Tudo o que, em algum momento, a fez se sentir presa é hoje o que a faz voar. Lillian Rose, você virou semente. Virou minha força motora. Foi você que me ensinou a ser livre. A acreditar em meu potencial, a ser diferente. Porque você sempre foi única. E hoje a sua dor de não pertencer virou força motriz para fazer com que todas as mulheres que eu possa impactar vejam sua beleza, se desamarrem de um falso padrão e voem. Voem alto. Aonde tudo vira possibilidade. Aonde possam alcançar seus sonhos e escrever suas histórias. Foi você que me ensinou a ser quem sou. A correr atrás dos meus sonhos. Foi você que me ensinou que, com coragem, eu poderia chegar a qualquer lugar. Foi você que me ensinou a buscar a liberdade emocional e financeira. Foi você que me ensinou que trabalho é coisa de mulher. Foi você que me ensinou a abraçar minha criatividade.

E hoje criei um movimento por você e por todas as mulheres de nossa família que tiveram de entrar num padrão e morreram tentando se encaixar. Encaixar-se numa gaiola de ouro na qual não cabem mulheres que se expandem, que transbordam, que voam. Tentar se encaixar é a grande loucura. Mas, como falei, a gaiola se abriu e hoje quem foi chamada de louca é chamada de livre.

Este livro é por todas as mulheres livres deste Brasil

(e do mundo também).

Carta para minha filha

Violeta Lua,

Como seu próprio nome diz, você chegou para transmutar o feminino. Você chegou para me fazer enxergar o novo mundo através do seu olhar profundo como as águas do mar. Um olhar que hipnotiza como o de uma serpente. Um olhar que é a porta para a sua alma. Foi na sua gravidez que tive a ideia do Free Free. Esse movimento que, na época, parecia loucura (como tudo o que é novo parece), mas que está transformando vidas. Vidas de mulheres que merecem ser livres como você. Que merecem brincar, que merecem viver sua potência criativa. Você chegou para voar, voar livre aonde ninguém ainda ousou chegar. Por isso, filha, siga de peito aberto para esse amor transbordar. Nunca deixe ninguém cortar suas asas porque você veio, sim, para ser livre e, por meio dessa sua liberdade, inspirar a mim e a outras mulheres a encontrarem essa luz ultravioleta que transmuta, que move, que ilumina, que liberta. Você chegou para me libertar da dor, do medo, da culpa, da vergonha. Hoje, a dor ancestral das mulheres da nossa família, e a minha também, se transformou em liberdade. Essa liberdade é o que vem libertando mulheres Brasil afora. Você, meu amor, é minha cura. Que presente eu ganhei. Só de pensar, eu me emociono. Você me deu coragem. Você me abriu os olhos. Você me mostrou o mundo de outro ponto de vista e, hoje, consigo transformar a dor de outras mulheres em potencial, em beleza, em liberdade. Afinal, todas nós merecemos viver nossa potência criativa. Todas nós merecemos enxergar nossa beleza. Todas nós merecemos ser quem somos de verdade. E você, meu amor, nunca vai precisar se esconder porque, hoje, mulher livre não precisa ser perfeita. A perfeição não existe. Então abrace suas imperfeições porque são elas que a fazem ser quem você é – este presente que Deus me deu, que, através de óculos multicoloridos, vê o mundo onde existe beleza e amor em todos nós. Beleza é como enxergamos a vida. Viva as mulheres livres. Viva você. Obrigada por abrir meu coração para o novo.

Amo você.

Prefácios

Conheci Yasmine há alguns anos. Foi um desses encontros tramados pela vida que uniu dois mundos diferentes: o direito e a moda, para transformar a vida de mulheres. Por isso, recebi com grande alegria o convite para fazer a apresentação deste livro, ciente de sua importância e do carinho com que foi pensado e escrito por Yasmine.

Este livro tem o potencial de mudar o dia a dia de muitas mulheres. Por quê?

O Brasil não é um país gentil com as mulheres.

Mulheres de todas as idades, cores, classes e amores vivem aprisionadas por um ideal de perfeição, juventude, feminilidade, honra e boa conduta. Homens ainda atacam corpos femininos nas ruas e agem como donos de suas parceiras. Mulheres ainda sentem culpa quando não cumprem o papel social de boas esposas e mães dedicadas, ou mesmo quando não conseguem atingir o inatingível ideal da mulher perfeita.

Um dos reflexos desses estereótipos é o elevado índice de violências, nas ruas e nos lares: 37% das mulheres, ou 22 milhões, em um ano, sofreram algum assédio em 2018 (FBSP, Visível e invisível, 2ª edição, 2019); houve 180 estupros por dia em 2018 e um registro de violência doméstica a cada dois minutos (FBSP, Violência em números, 2019).

Uma das principais estratégias para se prevenir essas violências e fazer com que a mulher consiga tomar posse de sua vida – e de seu tempo –, sem sentir culpa, é fortalecer sua confiança, independência, seu amor próprio.

Talvez você nunca tenha notado que, quando falamos de autoimagem, aceitação, confiança, cuidados pessoais e moda inclusiva, estamos falando, na verdade, desta ferramenta libertadora: autoestima.

Por isso, este livro é tão revelador. Nele, Yasmine transfere sua experiência como mulher, profissional da moda e criadora do Free Free para falar de modo franco e direto com as mulheres. Com sua linguagem acolhedora, reflexões e técnicas simples, a autora promove a aceitação pessoal, o empoderamento e o reencontro das mulheres com elas mesmas.

Uma boa leitura para você, nova mulher!

Valeria Scarance
Promotora de Justiça e coordenadora do Núcleo de Gênero do Ministério Público do Estado de São Paulo

Uma das graças de viver a moda como trabalho e paixão é ter de entender, na prática, por força do ofício e do afeto, que a vida é, essencialmente, uma sucessão de mudanças.

Nada fica como está, e essa impermanência toda você aprende em algum momento – sobretudo se já tiver vivido um pouquinho –, é da própria natureza do mundo – fashion, inclusive.

Falando de roupas, mudam as formas, os nomes, as cores, os códigos, as silhuetas, os valores, os tecidos, os gêneros, os desejos. Tudo muda, enfim. É um reflexo, no espelho, da sociedade e do comportamento humano em cada época.

Assim, junto com as novas configurações digitais para viver em rede, online, e com a produção infinita de imagens, a linguagem e as palavras também se vão renovando e se adequando no mesmo timing acelerado do momento.

Stylist, por exemplo, é um termo mais ou menos recente, de ares globais, para identificar o trabalho rigoroso e importantíssimo de definir, em detalhes – nas roupas, nos acessórios, no conceito –, a exemplo do que fazíamos nos primórdios da "edição de moda", uma imagem, uma ideia que se quer passar, não importa se no showbiz ou na vida.

Essa, no entanto, é só uma das muitas habilidades que Yasmine Sterea exerce como editora de moda, sempre com sensibilidade e comprometimento. Mas, como outras garotas de sua geração, Yasmine é múltipla, e quer, e precisa, e pode falar outras línguas, conforme se vê neste livro, em que meninas perfeitas, ufa!, já não existem mais.

Por isso, no prazer da imperfeição, a sororidade – do latim sóror, prefixo que significa irmãs –, outra palavra essencial no vocabulário atual, aqui parece ainda mais adequada para tratar de empatia, irmandade e união entre mulheres. É outro interesse legítimo, mais um "idioma" de Yasmine, com seu projeto de liberdade pessoal e motivacional que se dá pela potência criativa da moda e de cada mulher que pode fazer essa descoberta. Para que tudo continue em movimento, mudando o tempo todo.

Costanza Pascolato
Empresária e consultora de Moda

Pensei muito tempo no que deveria dizer aqui para explicar por que você dever ler este livro. Ou ouvir Yasmine. Ou ver, sentir, entrar na sintonia dela. Yasmine é uma mulher que deve ser ouvida, sentida, vista. Sabe por quê? Porque ela teve a coragem (lembre que coragem é o poder de vencer o medo, não ausência de medo) de expor todas as suas fragilidades para mostrar como todas nós podemos ser mais inteiras, mais verdadeiras, enfim, mais nós mesmas.

Confesso que, quando ela me falou sobre o Free Free pela primeira vez, achei meio confuso. Jornalista gosta de objetividade, e o movimento que ela estava desenhando não era exatamente daqueles que vêm com bula, estatuto e tal. Mas o genial, só fui me dar conta depois, é que a essência e o propósito do Free Free estão muito bem expressos já no nome. Não precisa de mais nada, só de ação (da parte dela) e de imersão (se joga!), da nossa.

Yasmine é um espírito livre. Sempre foi, desde a época em que a conheci, uma carioca criativa, cheia de questionamentos, uma stylist que nunca se contentou em simplesmente agradar ao cliente, ou ao chefe. Eu não sabia na época, mas ela já estava numa missão. A missão de questionar padrões, conformismos, regras, criando uma espécie de democracia de estilo e expressão, quase uma anarquia, mas uma anarquia que renova e liberta.

Generosa como poucas pessoas que conheço, Yasmine transformou sua missão pessoal em uma busca coletiva. Ao criar o Free Free, dividiu essa luta por liberdade e autoaceitação, não apenas com clientes e leitores das publicações nas quais sempre produziu imagens provocativas e contundentes, mas, em particular, com mulheres em situação de vulnerabilidade, que, mais do que ninguém, precisam da sororidade que ajuda a cortar amarras – e, assim, a nos libertar.

É por isso que, independentemente do seu gênero, religião, time de futebol ou convicções partidárias, a história do Free Free merece ser conhecida. É uma jornada em busca de aceitação para atingir aquele tipo de felicidade que só tem quem é livre. No mundo em que vivemos, cheio de julgamentos primários e implacáveis, talvez nada seja tão gratificante, e difícil, do que se aceitar. E sem autoaceitação, fica quase impossível ser livre.

Parabéns, Yasmine, pela coragem de usar sua experiência pessoal em nome de uma causa que ajuda a libertar todas nós. E por se dedicar, de peito aberto, ao Free Free, com a mesma paixão e entusiasmo com que planeja seus editoriais de moda e cuida da Violeta Lua.

E obrigada. Muito obrigada.

Daniela Falcão
CEO da Edições Globo Condé Nast

Introdução

Nenhuma mulher merece sentir culpa, medo ou vergonha. Eu já me senti assim inúmeras vezes ao longo da vida e sei que muitas mulheres também. O problema é que, quando isso acontece, começamos a anular quem somos de verdade. Quem somos na essência. Essa desconexão nos leva a um caminho de raiva e frustração. Fora a sensação constante de não pertencimento, até mesmo de fraude, de não nos sentirmos merecedoras do sucesso, da abundância e do amor. Afinal, aquela versão de si mesma que você está vivendo não é você de verdade, e sim uma criação sua para sobreviver.

Dediquei minha vida para descobrir como combater tudo isso. Minha mãe se suicidou quando eu tinha 21 anos. Ela foi diagnosticada com bipolaridade numa época em que não se falava de saúde mental e as cobranças sobre a mulher eram realmente enlouquecedoras. Como ela tinha medo, culpa e vergonha de ser quem era, foi criando personagens atrás de personagens para se encaixar.

Depois que ela faleceu, encontrei na moda minha cura. O trabalho era uma válvula de escape positiva na qual eu atingia meu potencial criativo ao desenvolver imagens para a Vogue. Quando engravidei da minha filha aos 28 anos, entrei num lugar de muita dor em que tive de me entender mulher, mãe, e me reconectar com meu feminino. Para passar por toda aquela dor, entrei num processo fortíssimo de autoconhecimento e comecei a estudar psicodrama, neurolinguística, Jung, deep memory process, e percebi que se eu juntasse tudo isso com moda, beleza e autoestima, teria uma ferramenta POTENTE na mão, dentro do nosso próprio guarda-roupa.

Sabe por que criei tudo isso? Porque minha filha não merece jamais sentir a culpa, o medo e a vergonha que eu já senti, que minha mãe sentiu e que todas as mulheres que eu conheço sentem. Você também não merece mais.

Você pode, sim, atingir seu potencial criativo e uma vida Free Free, uma vida melhor – mais alegre, abundante, leve, mais divertida –, na qual você decide quem é e começa a viver um ciclo de possibilidades. Isso é ser Free Free! Não é um caminho fácil, é preciso muita dedicação, mas é possível. Se eu consegui, você também consegue. Para se livrar da culpa, do medo e da vergonha, você precisa ressignificar experiências, pensamentos, ideais sobre si e sobre os outros. Precisa se pôr em primeiro lugar, tarefa não tão fácil para nós, mulheres (historicamente falando). Mas aqui está um guia prático, honesto e cheio de amor para você se conhecer mais, se amar mais e fazer escolhas muito mais conscientes para sua vida e atingir a sua liberdade física, saúde emocional e independência financeira ativando seu potencial criativo.

Vamos começar?

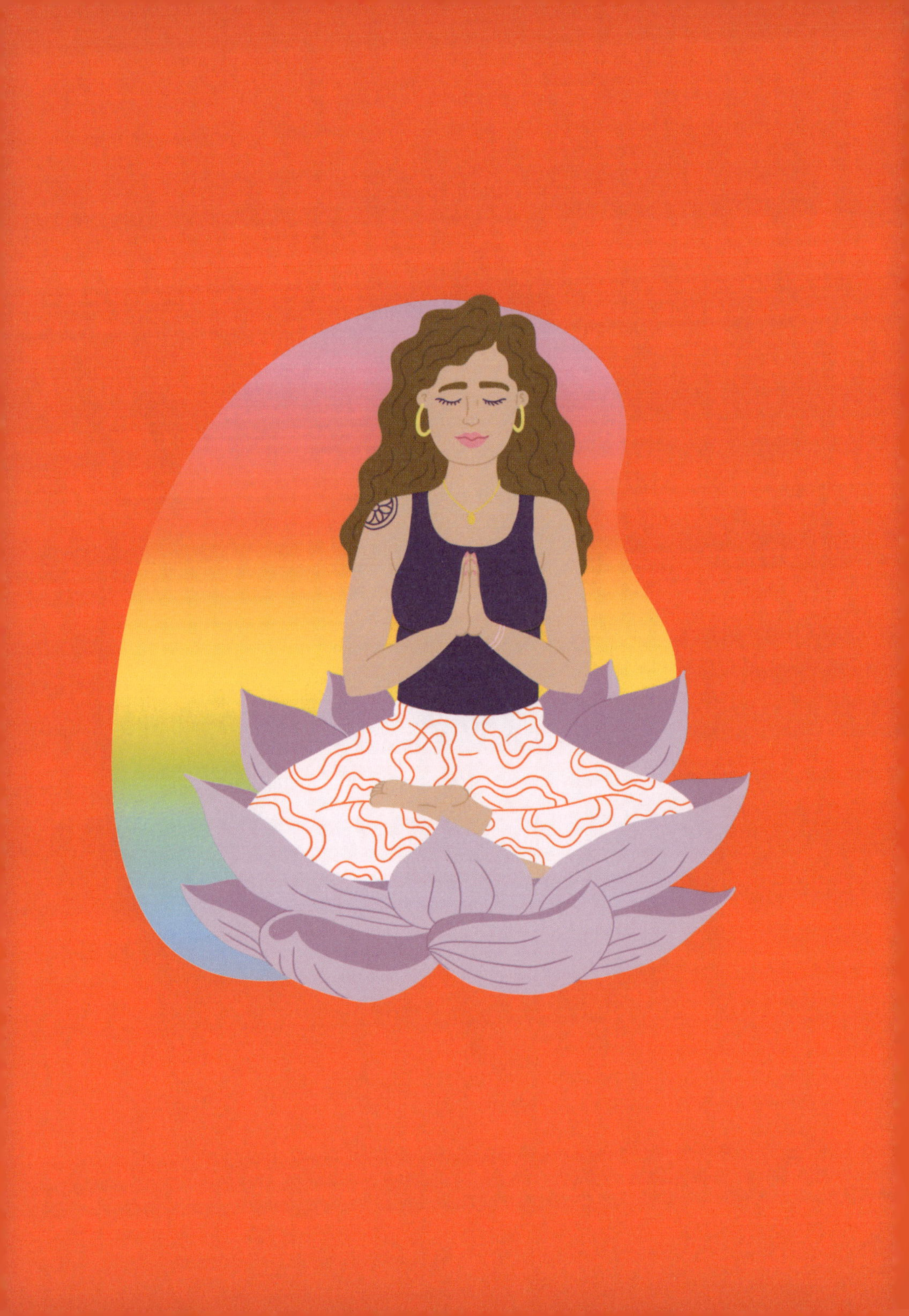

Meditação

Para iniciar a nossa jornada, criei uma meditação muito especial para você abrir seu coração e sua mente a tudo que irá aprender aqui. A meditação pode ser definida como uma prática em que você foca sua mente num objeto: pensamento, mantra ou a própria respiração, visando alcançar um estado de clareza mental e emocional.

A meditação é uma ferramenta potente de reconexão, tranquiliza a mente, alivia o estresse e nos deixa mais abertas para aprender coisas novas e mudar nosso mindset (forma de ver, viver e pensar sobre nossa presença no mundo). Hoje, é comprovado que a meditação alivia os sintomas de ansiedade e depressão, de acordo com uma análise de 47 estudos realizada na Universidade de Johns Hopkins, nos Estados Unidos, publicada em 2014 no Jama Internal Medicine.

A meditação liberta nosso interior, nos permite superar inibições e barreiras. A prática nos leva a encontrar a paz, gerando a confiança de que precisamos para dominar a comunicação.

"Quando o rio está calmo, o reflexo é mais claro. Quando a mente está calma, há maior clareza no campo da expressão. Nosso senso de observação, nossa percepção e nossa expressão melhoram. Como resultado, somos capazes de nos comunicar de forma clara" (Bhanumati Narasimhan).

Comece sempre a leitura com a meditação ao lado para receber as informações com menos julgamento. E sempre que sentir necessidade de se reconectar com sua verdade e sua potência, a meditação também estará aqui para você. É como se fosse um exercício para sua mente. Quanto mais praticar, mais fácil vai ficando. Este é o meu presente para sua nova vida Free Free. Escute sempre que precisar.

O espelho é e deve ser seu melhor amigo

O que você sente quando se olha no espelho? Você sabia que nos comportamos de acordo com nossa autoimagem? Comecei a perceber isso trabalhando como stylist e editora de moda. Faço isso para revistas e artistas há mais de onze anos. Quando visto uma artista para um show ou para uma capa de revista, e ela, ao se olhar no espelho, não se sente bonita, tudo começa a dar errado. A linguagem corporal dela muda, a cara fecha, as costas se curvam. Ela não se vê mais como uma grande estrela, perde o brilho e se sente mal. E passa a agir como tal.

Perceba isso em você. Vá até o espelho e escreva três linhas a respeito do que você sente quando se vê.

A nossa autoimagem é mais importante do que a nossa aparência real. Por exemplo: se você se vê como uma vítima, seu cérebro começará a trabalhar para que você reproduza essa realidade em sua vida. Se você se vê como uma mulher feliz, seu cérebro trabalhará para que sua vida pareça assim.

Comece a se enxergar como você enxergaria sua filha, uma sobrinha, uma afilhada. Com menos julgamento e mais amor. Tenha confiança em você. Você é linda do jeitinho que é.

Agora, escreva três palavras positivas que você diria para essa menina. E imagine que ela é você.

Repita sempre que se olhar no espelho: eu me amo, sou linda e mereço ser feliz.

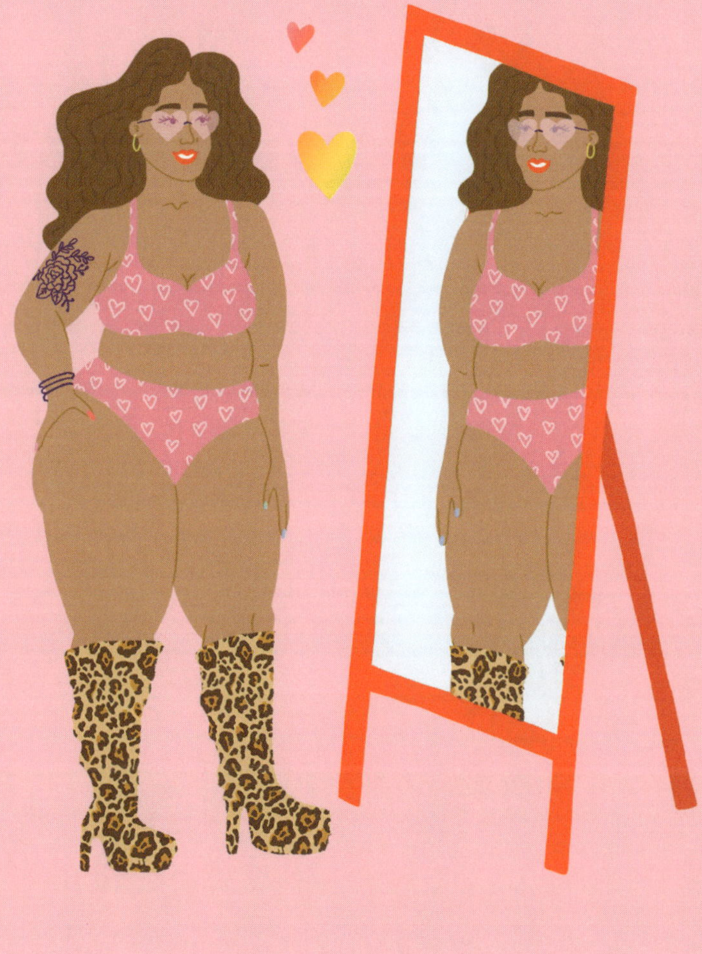

PARE

Chega de se sabotar

A autossabotagem é muito frequente e pode ter origem na infância ou em experiências das quais nem nos lembramos mais. O fato é que nos autossabotamos ao não sentir que merecemos algo, mesmo que inconscientemente. Então, quando começar qualquer atividade que não consiga terminar, desconfie. Você deve estar se autossabotando, e a única forma de se curar é trazendo isso para a consciência seguindo os passos abaixo:

1 - Reconheça o padrão: algo que você faz sempre e a prejudica.
2 - Pense e reflita: você se acha capaz ou merecedora de realizar ou atingir aquele objetivo?
3 - Quando estiver realizando o objetivo e ficar em dúvida se merece aquilo ou se conseguirá atingi-lo – ou sentir vontade de parar –, persista! Em apenas 21 dias, aquela atividade vira hábito e tudo começa ficar mais fácil.

Cleo
Atriz e cantora

Tudo começou quando aceitei que a tão sonhada liberdade emocional não era um fim em si. Era um caminho. Depois de certa maturidade adquirida com pequenas (e grandes) porradas da vida, ser livre para amar sem aquele sentimento de dependência física, espiritual, sensorial da presença do outro vira um objetivo, mas muito mais importante e engrandecedor é o caminho que leva a esse objetivo. Eu sigo trilhando todos os dias essa jornada, e nela encontro curvas que jamais pensaria em descobrir. Dia desses, dobrei a curva do autoamor e jamais retornei dali. Ali, no "autoamor", aprendi que:
1. Eu não ia morrer de paixão por mim todos os dias.
2. Eu não era obrigada a estar satisfeita comigo todos os dias.
3. Eu não era obrigada a nada.
4. Mesmo com todas as alternativas anteriores, eu continuaria me amando.

É como em um relacionamento: quando amamos, cuidamos daquela pessoa e a protegemos, mesmo quando ela nos irrita. Só que não há "a outra pessoa". Há você. Só você. E ser só você não é triste nem fracasso. Conviver bem consigo mesma é, na verdade, o ápice da maturidade emocional. Todos os dias serão assim? NÃO. Cada dia é um dia e cada passo é um aprendizado. Nem tudo são flores e poesia... algumas bagagens precisam ser abandonadas, principalmente quando a ficha cai de que o caminho é agradável, porém longo. Dói se desvencilhar de algumas delas, mas logo vêm a leveza e a certeza de que não precisamos carregar esses pesos extras. Esses pesos são os padrões de comportamento, estética, pensamento, de que somos condicionadas a seguir sem questionar. São os "desejos": crescemos acreditando que eram nossos, mas, na verdade, foram construídos pelos outros, aqueles clássicos objetivos intrínsecos à condição feminina: casar até tal idade, ter filhos, e outras sutilezas

Processos, mudanças, tudo o que faz parte da construção dessa liberdade e desse amadurecimento emocional, vai ter seu momento de dor. Ser livre é romper. Dói, mas passa.

que nos fazem ser lidas como fracassadas se não as alcançamos. Não importa quão grandiosas são as nossas conquistas, se fugirmos do que é esperado, teremos sempre um lugar de desaprovação nos esperando. Mulheres: "objetos" de desejos, mas que não demonstram seus "desejos". Complexo, não? Colocam-nos esse peso todo para impedir que, um dia, voemos. Dói tirar isso dos ombros, junto vem a percepção de acreditarmos em um mundo irreal, vem a paranoia de acharmos que nada ao nosso redor é verdadeiro, vem o medo da rejeição por não parecermos mais a mesma pessoa. Dói como doem os ombros após tirar uma mochila pesada de cima deles. Mas, depois da dor, sempre vem o alívio. Processos, mudanças, tudo o que faz parte da construção dessa liberdade e desse amadurecimento emocional, vai ter seu momento de dor. Ser livre é romper. Dói, mas passa.

FREE

FREE

FREE

FREE

Manhã FREE FREE

Sua manhã é a sua hora mais preciosa do dia. Ter uma rotina matinal pode mudar literalmente o resto do seu dia, seja para o bem ou para o mal. Devo confessar que essa foi a última etapa para minha vida Free Free, mas sugiro que você comece por aqui e garanto que sua jornada será mais fácil e rápida que a minha. Sabe por quê? Deixe eu lhe contar uma história.

Eu parei de me exercitar regularmente quando me formei no balé aos 18 anos, e depois nunca mais consegui fazer isso de forma regular como estou fazendo hoje. Eu tentava de tudo, mas sempre que começava uma nova rotina de exercícios e me sentia melhor, eu começava a me autossabotar.

Hoje percebo que eu não me sentia merecedora de uma vida equilibrada por ter crescido num ambiente bastante abusivo psicologicamente, então repliquei esse padrão na minha vida adulta. Sempre que eu tentava encontrar um equilíbrio, minha mente se tornava minha maior inimiga, como se o equilíbrio fosse perigoso, já que me era algo desconhecido num nível mais profundo. Quaisquer que sejam os motivos para você se sabotar, a disciplina de criar um hábito positivo pode ser útil. Foi aí que criei o conceito de manhã Free Free.

Sessenta minutos preciosos para você com você mesma. Para exercitar seu corpo e sua mente, e começar o dia no melhor estado emocional possível e, assim, ter um dia potente.

Atenção para o que sua mente cria de desculpas repetindo negativamente frases como estas:

Ah, mas eu trabalho cedo!
Ah, eu tenho filhos!
Ah, eu não gosto de fazer exercícios.
Ah, eu não sei meditar.

Esqueça tudo isso. São desculpas ou motivos que seu cérebro cria para você nem sequer começar. Afinal, seu cérebro não gosta de sair muito da zona de conforto por acreditar que o desconhecido pode gerar alguma forma de dor. Ensine a ele o contrário.

Sou mãe de uma menina linda e cheia de energia. O pai da Violeta Lua, minha filha, mora em outro país, então, por aqui, sou eu e ela, ela e eu, com muito amor e desafios. Além de mãe, sou empreendedora e trabalho, em média, catorze horas por dia – e, para finalizar, apesar de ter amigas que dão um superapoio, não tenho família em São Paulo (cidade onde moro), e ter uma rede de apoio é essencial para darmos conta de tudo. Não estou me vitimizando, longe disso, só quero lhe mostrar que, se eu consegui desenvolver o hábito de fazer uma manhã Free Free, você também consegue. É só se organizar.

Quer saber como?

Comece a acordar entre 5 e 6 horas da manhã (não se assuste, garanto que isso vai mudar a sua vida), ou pelo menos 1 hora antes do horário que normalmente acorde. Mesmo que isso signifique acordar às 4 horas da manhã. Prepare o despertador e, quando ele tocar, não hesite. Essa é a primeira decisão do seu dia. Fará seu cérebro entender que você quer um dia produtivo. Mas por que tão cedo? Porque você precisa de uma hora de silêncio sem interrupções e preocupações para atingir sua manhã Free Free. Então, acorde antes de os seus filhos acordarem, antes de o seu chefe e seus clientes começarem a lhe escrever, antes de você "ter de" fazer alguma coisa para os outros. Esse é o seu horário precioso, para cuidar de você e de mais ninguém. No início, será mais difícil, porque será uma mudança na sua rotina, mas lembre que, em apenas 21 dias, aquilo se tornará natural para você.

Durante essa uma hora de autocuidado, você irá:

1 - Meditar/rezar
2 - Exercitar-se
3 - Agradecer
4 - Visualizar
5 - Tomar banho gelado

1. Meditar-rezar

Aqui, você pode escolher fazer a meditação Free Free que disponibilizei no início deste livro, rezar ou simplesmente repetir mantras, frases ou palavras positivas, de 5 a 20 minutos antes de começar seus exercícios.

Exemplos:
"Eu posso, eu consigo, eu decido."
"Eu me amo."
"Eu sou feliz."
"Eu mereço uma vida abundante e feliz."
"Eu sou linda."
"Eu amo minha vida."
"Sou grata e feliz por ser quem sou."

Enquanto você repete essas afirmações ou palavras em silêncio, afaste os pensamentos ansiosos e mantenha o foco na sua respiração e na repetição daquela frase ou palavra. Só de fazer isso, significa que você está meditando.

Pode parecer bobagem, ou algo simples demais. Mas, posso lhe garantir, não é. Aqui você está afirmando algo importante para sua vida – aquilo que, se ainda não tem ou sente, você quer ter e merece atingir.

As primeiras vezes serão mais difíceis, depois, eu garanto, ficará mais fácil, e é incrível o poder que isso tem em nosso cérebro e em nosso estado emocional. Você vai sentir a força e a coragem de realizar coisas que nunca imaginou que conseguiria realizar. Confie e vá.

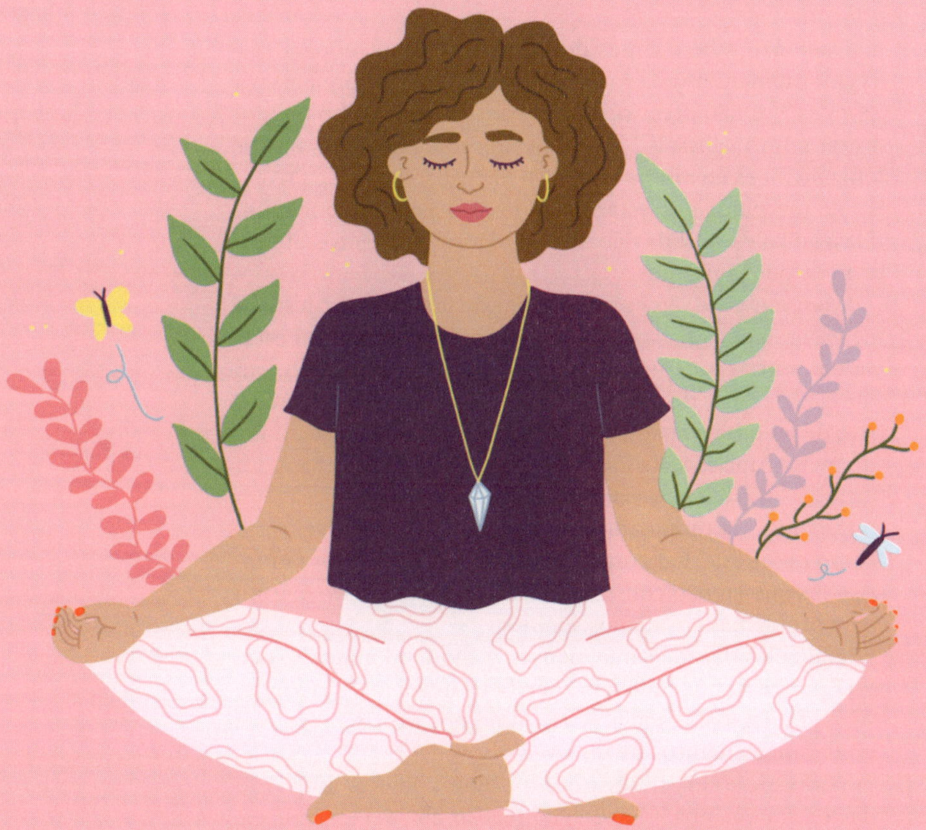

2. Exercitar-se

Você não sabe quantas desculpas eu encontrei para não seguir ou manter uma rotina de exercícios. Sempre passava por um "Eu não preciso, eu não consigo, não tenho tempo, estou muito cansada". E pior: sempre que começava a ver uma melhora na minha saúde, eu parava. Como se eu tivesse de me punir por estar fazendo algo positivo por mim. Haja culpa escondida debaixo do tapete! A tal autossabotagem de que já falamos.

Mas, em 2019, eu estava à beira de um burnout (estado de esgotamento físico e mental) seríssimo. Eu não só estava me sentindo deprimida, como também adoecendo. Fui obrigada a ficar de cama por quase dez dias. Fiquei três e tive de voltar a trabalhar. Afinal, sou empreendedora, dona do meu próprio negócio: se eu paro, meu negócio para. Eu estava sem paciência para minha filha, sem paciência para o trabalho, via tudo como um problema em vez de encarar como desafios. Meu corpo e minha mente estavam tão fatigados que eu não conseguia mais ver soluções até mesmo para problemas cotidianos simples.

Naqueles dias de cama, pensei: é agora ou nunca – você está prestes a pôr tudo a perder. Seus negócios, sua saúde, sua vida pessoal e social. Criei uma nova rotina e resolvi mudar meus hábitos de uma vez por todas.

Não espere chegar nesse ponto. Tente começar hoje. Não deixe para amanhã. O exercício regular alivia o estresse e a tensão, altera a bioquímica do corpo e produz uma substância natural chamada endorfina. Também aumenta o tônus muscular, limpa a pele e nos faz sentir mais confiantes, capazes – além de melhorar a autoestima.

Foque em fazer ao menos 20 minutos de algum exercício de que você goste. Seja ioga, dança, musculação, caminhada, corrida etc. O importante é movimentar o corpo. Aumente gradativamente esse tempo até chegar em 40 minutos ou mais. Alguns exercícios, como a caminhada e a corrida, permitem que você faça sua meditação simultaneamente. Se for o caso, é uma ótima forma de conciliar as duas atividades.

É importante que você consulte seu médico para orientações mais alinhadas com a sua saúde.

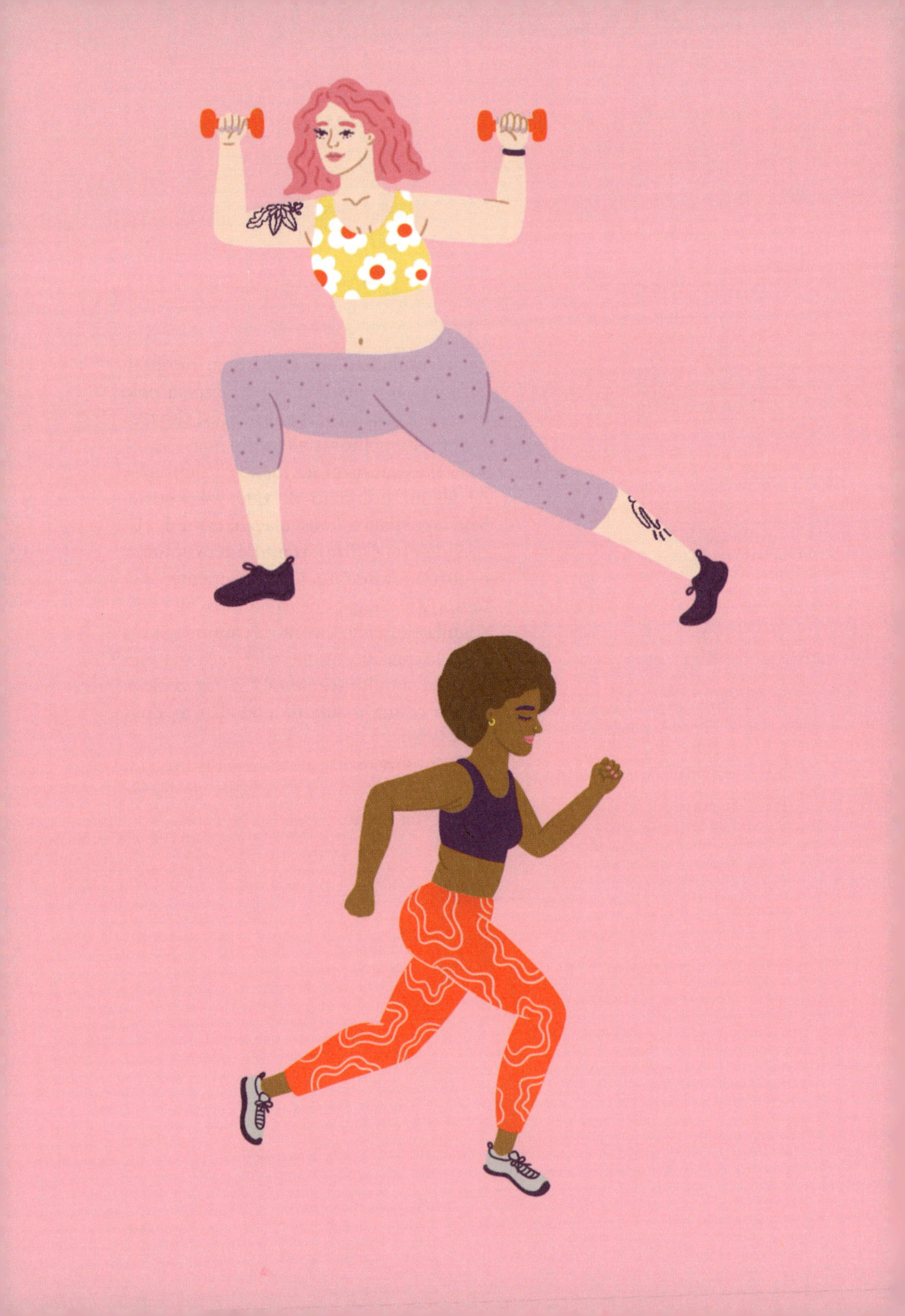

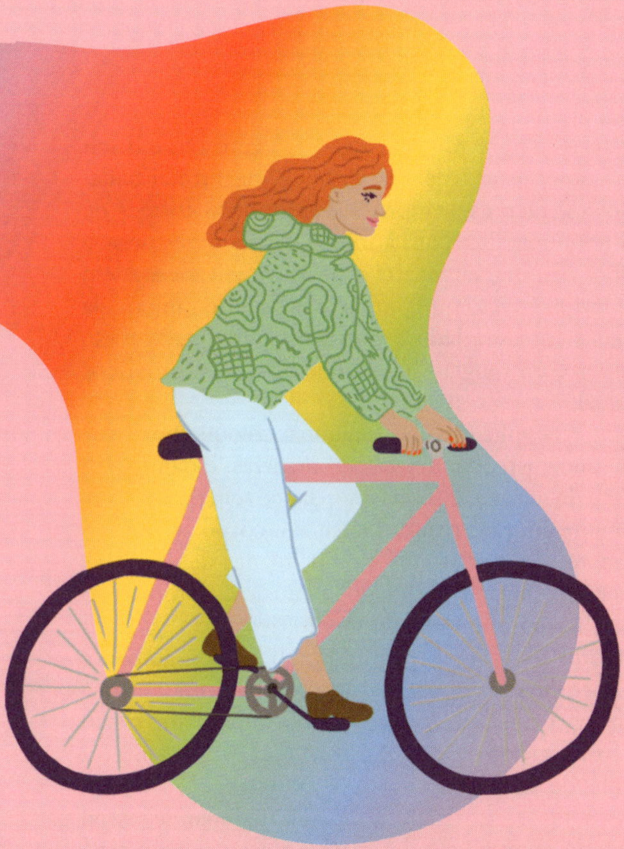

Dança meditativa

A dança sempre foi meu lugar de expressão e disciplina. Comecei no balé aos 3 anos e me formei bailarina aos 18. Depois, sempre busquei outras formas de dança para conciliar com a minha rotina de estudos e trabalho. Até que encontrei a dança meditativa. Além de ser um exercício que potencializa seu feminino, ela a conecta com seu lado espiritual. Calma, nada disso tem a ver com religião (falaremos disso nos próximos capítulos).

Deixe eu explicar como funciona: coloque uma música de que goste, ou até mesmo mantras, e dance fora do ritmo da música. Isso mesmo, dance sem parar, completamente fora do ritmo. Deixe seu corpo ser levado livremente e não se atenha a modalidades de dança. O movimento solto, combinado à música, automaticamente a levará a um estado meditativo. Faça isso por 20 minutos ou mais. É profundo, libertador, aumenta sua autoconfiança, a conecta com seu feminino, e você terá insights criativos fortíssimos. O importante é não se julgar no processo. Deixe o corpo reagir à música e a vergonha de lado.

Adoro fazer isso sozinha no quarto quando estou precisando abrir meu lado criativo ou reprimir minha vergonha e estresse. Vale a pena experimentar. Aqui não existe certo ou errado.

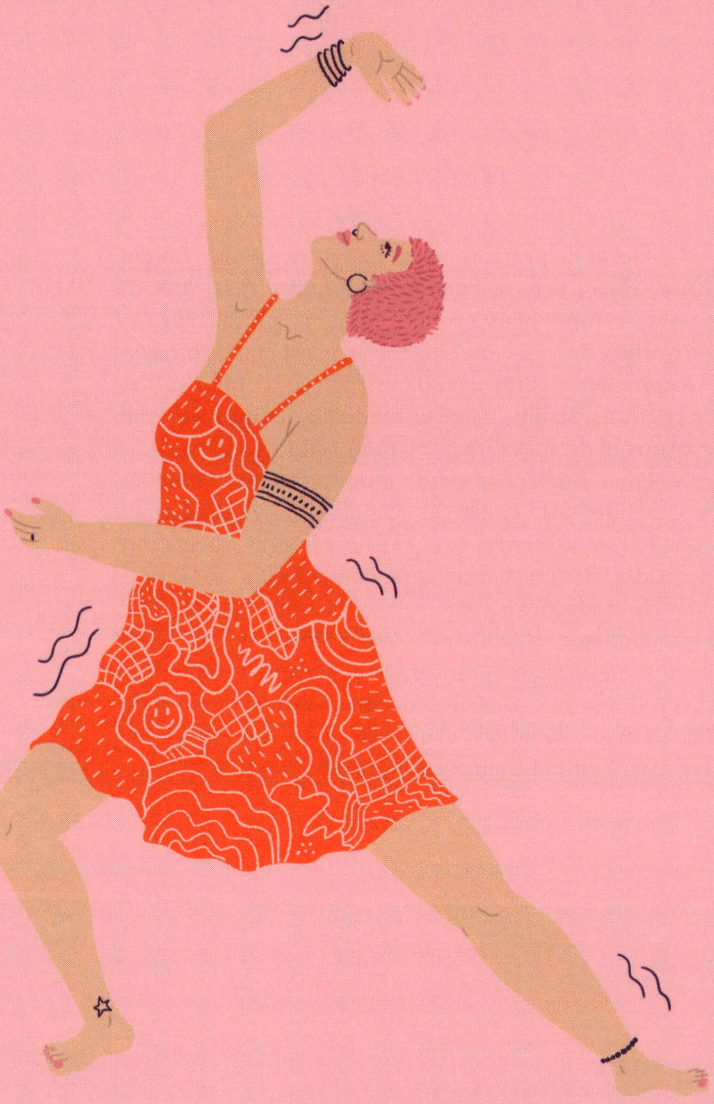

A ioga

Comecei a praticar yoga na gravidez da Violeta. Antes disso, achava entediante e lento, mas, quando passei a estudar mais a fundo, percebi a potência transformadora da ioga e que sua essência está na respiração. Ao aprender a controlar sua respiração, combinando-a às posturas de ioga, você aprende algo muito especial: o controle de suas emoções. Sim, tudo na nossa vida é emocional. Se você aprende a dominar suas emoções, tem a chave para controlar suas reações. Pessoalmente adoro fazer ashtanga, mas existem muitas outras modalidades. Para testar em casa, comece com dez repetições de saudações ao sol[1].

É um dos exercícios mais completos que há. Assim, você vai aprendendo a respirar e, com isso, também a meditar. No início, você sentirá um pouco de ansiedade. Encare isso como uma limpeza do seu emocional. Persista. Lembra a autossabotagem?

[1] https://pt.wikipedia.org/wiki/Saudação_ao_Sol

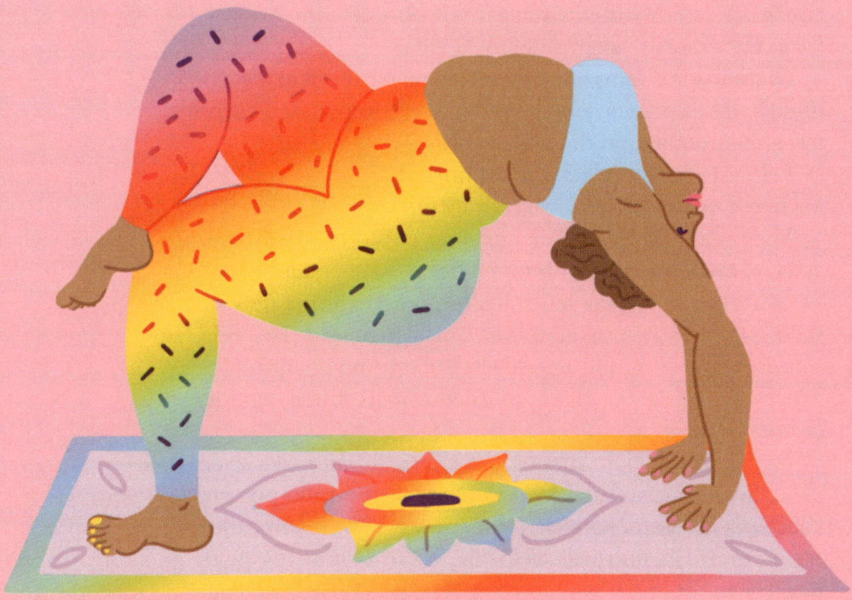

3. Agradecer

Agradecer é uma das ferramentas mais fortes e simples que temos na mão. Quando nos sentimos gratas, emitimos pensamentos positivos para o corpo e para a mente. Se fizermos isso por alguns minutos, algumas vezes ao dia, e especialmente em nossa manhã Free Free, fica mais fácil controlar os pensamentos negativos porque começamos a focar nas coisas positivas da nossa vida.

Quando ele é feito em conjunto com o exercício e a meditação nessa primeira hora do dia, você prepara seu corpo e sua mente para um dia mais positivo.

Pelo que você pode ser grata hoje? Pelo seu corpo? Pelos livros que já leu? Pela sua coragem?

Você pode ser grata por qualquer coisa. Desde por ter água para beber, pelo filme a que assistiu, quanto pelo amor da sua filha, por seu trabalho, por sua força de vontade, por existir, por acreditar em algo maior. Na vida, sempre temos por que agradecer. Até mesmo quando você estiver passando por algum momento mais difícil, agradeça ao aprendizado.

Faça isso por pelo menos 5 minutos durante seu exercício. Se gostar, no final escreva uma lista de tudo por que você se sente grata naquele momento. Eu tenho um caderno de gratidão no qual, todo dia, escrevo motivos pelos quais devo ser grata. Isso irá fazer você enxergar tudo o que possui de bom em sua vida hoje e deixar de lado loopings de pensamentos negativos, medos e frustrações. Suas emoções são movidas pelo seu foco.

Se você deposita seu foco nas coisas pelas quais é grata, em vez de fazê-lo com seus medos e problemas, seu cérebro entende que você está bem. E está mesmo! O que a faz sentir-se bem não são os eventos externos da sua vida, e sim a forma como você se sente internamente.

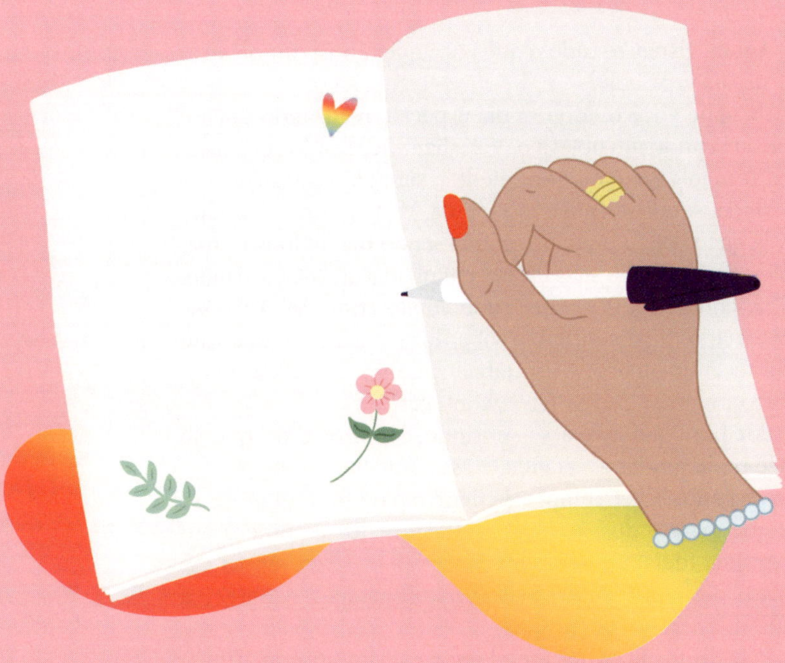

4. Visualizar

Agora, visualize tudo o que você quer construir ou atingir na sua vida hoje.

Imagine você tendo um dia especial, realizando um sonho, atingindo um objetivo. Visualize você sendo você mesma, sem julgamentos, sem medo e sem culpa. Visualize-se sorrindo, sendo amada e respeitada. Veja-se como a mulher linda que você é. Imagine seu dia sendo maravilhoso. Imagine-se concluindo suas metas, em meio a pessoas sorrindo, você sendo feliz. Visualize tudo aquilo como se já tivesse acontecido. Sua mente não sabe diferenciar se aquilo está acontecendo ou não. E vai trabalhar como se aquilo estivesse acontecendo até, de fato, acontecer.

Por pior que esteja se sentindo, lembre-se de que só você pode mudar a sua vida, e essa mudança começa dentro da gente. Ela é sempre de dentro para fora. Lembre-se de que muitos dos sonhos que você realizou começaram com uma ideia, um pensamento. Não espere eventos externos ditarem suas emoções. Sua felicidade acontece a todo momento.

Visualizar uma vida Free Free é o primeiro passo para chegar lá.

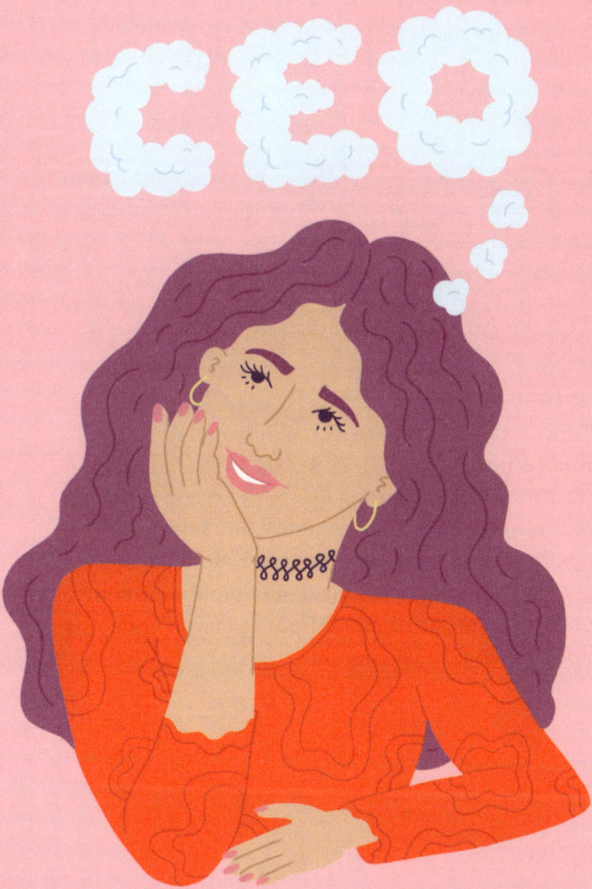
CEO

5. Tomar Banho Gelado

Para finalizar sua manhã Free Free, tome um banho gelado depois dos exercícios. O banho gelado acorda nosso organismo e tira aquela sensação de cansaço – caso ainda tenha ficado alguma. Além disso, ele estimula o sistema imune, deixa a nossa pele mais bonita, a circulação mais ativa e alivia o estresse. É aquela cartada final que a prepara para o seu dia. Faço isso diariamente. Fico mais feliz e me sinto pronta para encarar todos os desafios por vir com mais energia.

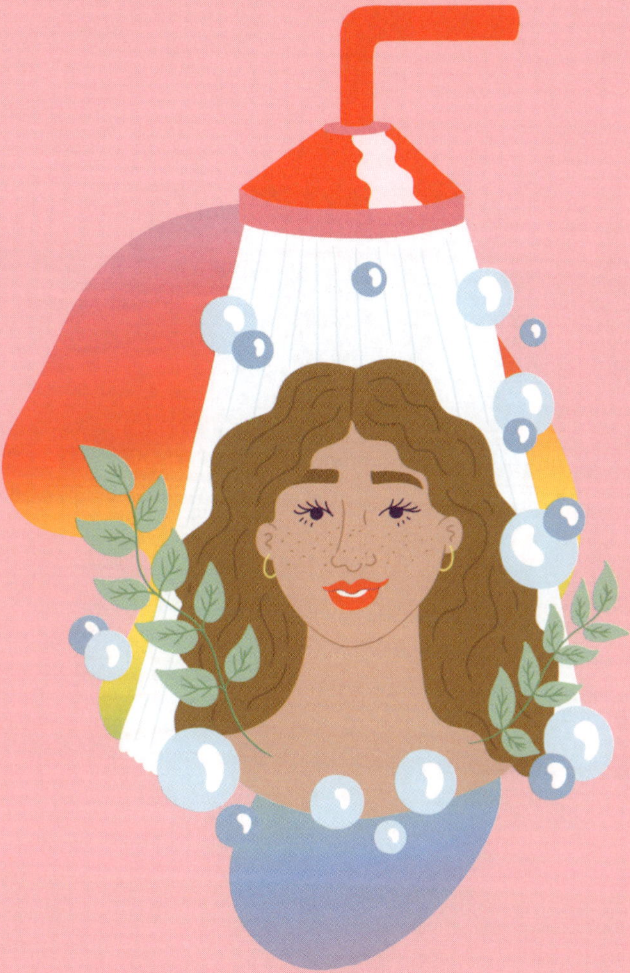

Daniela Cachich
Vice-presidente de Marketing na PepsiCo

Quando eu era uma garota cheia de sonhos, olhava para muitas mulheres que eu admirava e nunca pensei que, um dia, eu poderia estar em um lugar em que garotas e mulheres pudessem se inspirar e se aconselhar.

Se esse lugar me foi em parte dado, em parte conquistado, aqui vou eu tentar passar um pouco do que aprendi nesses anos de muito trabalho, muita resiliência, muita dedicação e, por que não?, muito orgulho.

Tenha um plano, saiba aonde quer chegar. Ter clareza sobre isso faz com que o caminho e a jornada sejam mais assertivos. Os passos serão dados pensando lá na frente e irão ajudá-la a entender se a aproximam ou a distanciam do seu destino. Nessa jornada, as mudanças são inevitáveis, mas o crescimento é opcional.

Ambição não é uma palavra feia. Ambição significa: anseio veemente de alcançar determinado objetivo. Ambicione algo maior. Cerque-se de pessoas que irão ajudá-la a chegar mais longe, não das que a puxam para baixo.

Mas meu maior aprendizado é: você é a única pessoa que sabe até onde consegue chegar! Nunca, nunca deixe que alguém a coloque num lugar onde não é o seu de direito e de merecimento. Muita gente vai dizer que você não é competente, que você não serve, que não é talentosa o suficiente e que nunca chegará lá. Eu escutei muita coisa desestimulante. Se tivesse deixado aquilo me derrubar ou tivesse acreditado, eu não estaria aqui agora. Ignore! Você é a única pessoa que conhece a sua força interior para chegar aonde quiser. Você é capaz disso!

Ambição não é uma palavra feia. Ambição significa: anseio veemente de alcançar determinado objetivo. Ambicione algo maior. Cerque-se de pessoas que irão ajudá-la a chegar mais longe, não das que a puxam para baixo.

Talvez sejam meus quinze anos como bailarina clássica que me ensinaram que determinação é a minha maior força. Talvez seja o fato de a minha mãe ter ido trabalhar com moda nos anos 1980 e me criado para conquistar o que eu quisesse conquistar, ou talvez seja porque meu pai me deu o conselho mais "feminista" que eu poderia receber: estude, trabalhe e não dependa de um homem.

E lembre-se: você é o reflexo de tudo o que faz e promove. O reflexo do que quer para sua vida e para o mundo começa com você.

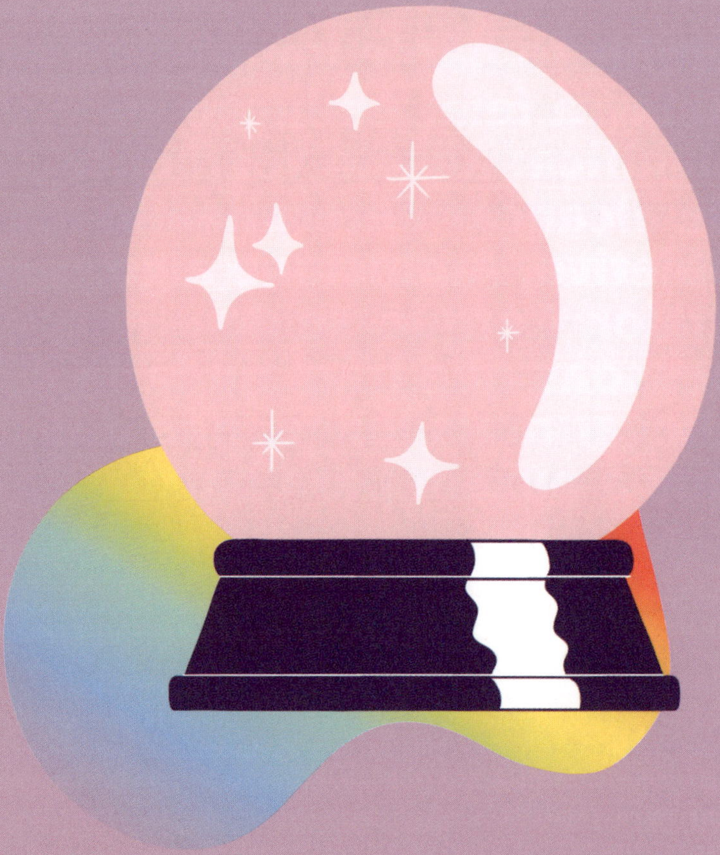

Espiritualize-se

Foi aos 28 anos que comecei minha busca pela espiritualidade. Passei a estudar meditação, ioga, thetahealing, astrologia, numerologia e tudo mais que pudesse trazer consciência a esse processo. Comecei a entender que espiritualidade não necessariamente tem a ver com religião. É sobre acreditar e ter fé.

A espiritualidade é quando buscamos significados para a vida que transcendem o tangível, e objetivando um sentido e uma conexão com algo maior do que a si próprio.

Engravidei da Violeta Lua em janeiro de 2015, exatamente sete anos depois da morte da minha mãe, que faleceu em janeiro de 2008. Coincidência ou não, nessa gravidez, comecei a querer trazer consciência para todas as dores que eu tinha trancado a sete chaves dentro do meu coração durante os últimos sete anos. Só que uma hora essa dor tinha de sair, ser trabalhada e ressignificada para não afetar as pessoas que estavam ao meu redor, e esse processo de espiritualidade e fé me ajudou a compreendê-la.

A espiritualidade traz à consciência aquilo que está no nosso inconsciente e nos ajuda em nosso autoconhecimento e crescimento.

Violeta Lua veio para transformar, transmutar, como seu próprio nome significa. Foi isso que ela fez por mim! E é isso que quero fazer por ela e por tantas outras meninas também.

Cada um tem sua forma de se espiritualizar, cada um tem a sua crença. Médicos e psicólogos acreditam que a fé em algo maior do que nós mesmos nos ajuda a superar desafios, a acreditar em mudanças positivas, além de nos fazer sentir mais felizes e parte de algo maior.

Para começar, compartilho aqui algumas dicas simples e eficazes que criei para me conectar comigo e com a minha fé, que você também pode fazer rapidamente por você.

Vamos montar um cantinho FREE FREE?

Defina o cantinho Free Free na sua casa ou no trabalho. Um lugar no qual você se sinta acolhida, amada, cuidada, olhada. Um espaço físico que lhe traga paz.

É um espaço de conexão com você mesma, com a sua fé e com algo maior do que os problemas do dia a dia. Um espaço para meditar, rezar, ler, se inspirar e agradecer. Um espaço mais reservado é sempre melhor.

Para montar seu cantinho Free Free, siga suas crenças, fé ou sua intuição – o importante é que, ao fazê-lo, sua inspiração venha do coração, recorrendo a objetos e lembranças que a conectem com algo maior e com o amor de dentro de você, como por exemplo: cristais, pedras, imagens religiosas (dependendo da sua religião ou crença), velas, incensos, entre outras coisas que lhe sejam especiais.

No meu cantinho Free Free, tenho até pinturas da Violeta.

O cantinho é um espaço seu com você mesma, extremamente particular e íntimo de cada uma, além de ajudá-la a se conectar com a sua fé. Siga sua intuição e lembre que esse é um espaço de amor. Cuide dele com carinho, ele é um reflexo do seu coração.

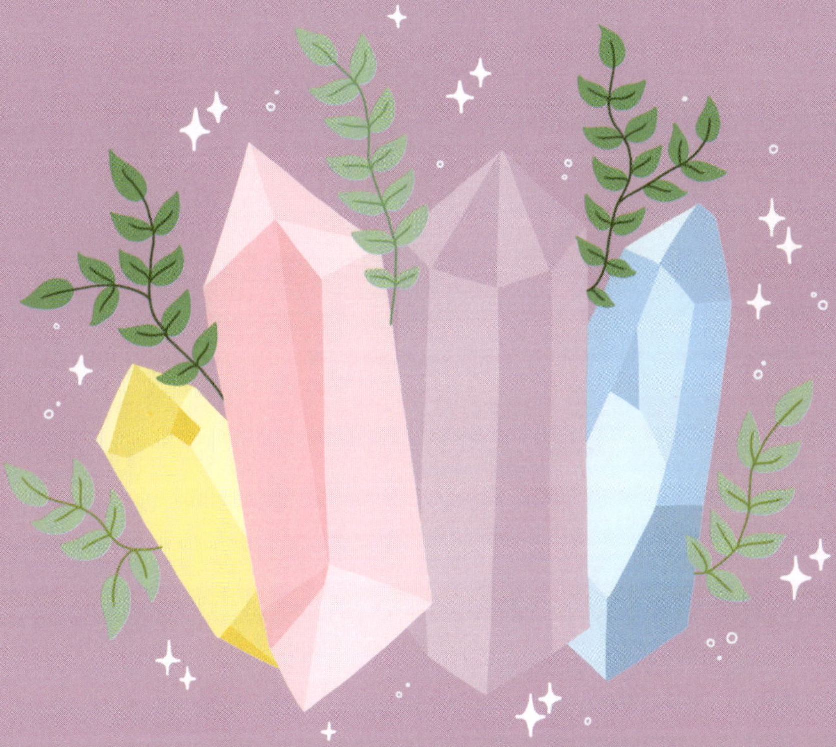

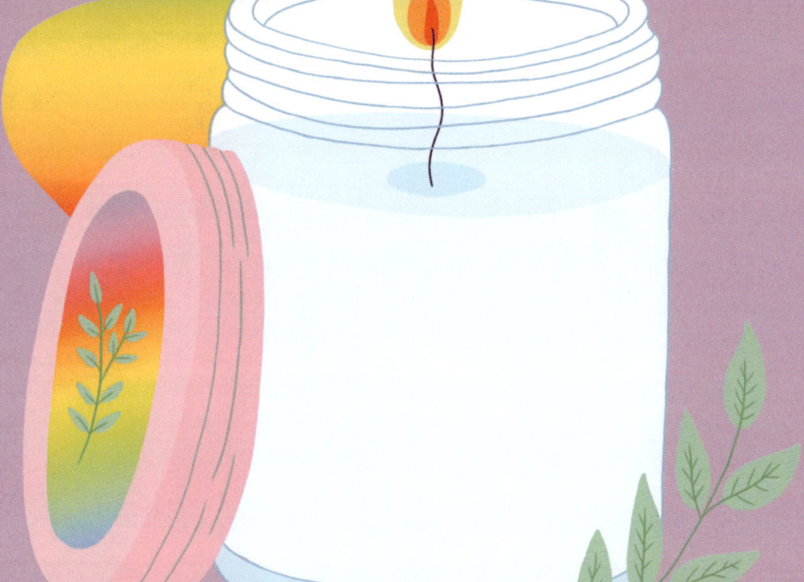

Rituais

Tudo o que é importante na nossa vida pode e deve ser ritualizado. Se pensarmos bem, um casamento é um ritual, divórcio é um ritual, nascimento é um ritual, velório é um ritual, o banho é um ritual – tudo pode ser ritualizado. Você também pode criar seus próprios rituais.

Rituais nada mais são do que experiências e momentos que trazemos a consciência e transformamos em algo especial e memorável. A manhã Free Free se tornou meu ritual mais poderoso para conseguir equilibrar meu corpo e minha mente para o dia. Outro que adoro é acender velas e incensos ao chegar em casa. O fogo e o aroma me acolhem, me acalmam e me dão uma sensação de vida, segurança e paz.

Um outro ritual que aprecio é o de visualizar no chuveiro uma cachoeira, a água percorrendo também interiormente meu corpo, da cabeça aos pés, limpando tudo o que não me serve mais.

A aromaterapia é outro ótimo ritual, já que os óleos essenciais chegam diretamente ao nosso sistema nervoso e nos ajudam a equilibrar problemas psicológicos e emocionais.

Eis aqui alguns óleos que uso:
Para acalmar: Lavanda, Gerânio e Hortelã.
Para combater sinais de depressão: Manjericão, Canela, Bergamota ou Laranja.

E aqui incensos que curam:
Para sentir amor próprio e autoestima: Gerânio e Jasmim.
Para sentir coragem e abundância: Olíbano e Canela.
Para sentir liberdade: Alecrim e Limão.
Para auxiliar na sua autocura e acolhimento: Lírio e Rosas Brancas.
Para se conectar com o sagrado feminino: Ylang Ylang e Patchoulli.
Para despertar sua criatividade: Capim Limão e Sálvia.

Crie um ritual que seja gostoso para você e que a ajude a se sentir acolhida, lhe traga paz, amor, e a conecte com sua essência. Que lhe represente um momento importante de autoamor, autocuidado e, possivelmente, de fé e espiritualidade.

Dora M. Bentes
Terapeuta integrativa e empresária, fundadora e coordenadora do Centro de Desenvolvimento Dora M. Bentes

Num momento de ressignificação de como ser mulher, de assumir seu lugar na própria vida e no mundo, é fundamental o olhar múltiplo Free Free para os diversos setores do universo feminino, projeto que Yasmine criou, em toda sua sabedoria e experiência, por meio do seu processo de autodescoberta e reconexão com sua essência.

A essência é a verdadeira natureza de uma pessoa, não tem forma, nem padrão, nem certo ou errado. Ela pode se expressar na realidade de sua vida de maneiras diferentes, criativas, únicas e incrivelmente belas, é só deixar que isso aconteça.

Conexão com a essência é reconexão espiritual. Espiritualidade é transcendência, é ir além da forma física, ir além da personalidade (persona/máscara), ir além de um ideal de perfeição que muda com o tempo. É acessar todo o seu potencial, sua força, sua natureza, toda a sua capacidade de ser plenamente quem é.

Espiritualidade é acreditar que a sua vida é muito mais ampla e que você pode fazer diferença no ambiente à sua volta, atuando e colaborando para melhorar, primeiro, a si mesma. Depois, com o seu exemplo, pode inspirar outras mulheres (pessoas) a assumirem a direção e a escolha das próprias vidas.

É saber que você e todos fazem parte de uma rede de conexões, ligados por valores, objetivos, aspirações e propósitos comuns.

Em relação a isso, vale ressaltar que a grande força espiritual das mulheres está na união, no compartilhar, com cada uma contribuindo para evolução de todas.

A essência é a verdadeira natureza de uma pessoa, não tem forma, nem padrão, nem certo ou errado.

O círculo é a essência do feminino coletivo, do sagrado (saudável) feminino. Quanto mais mulheres promoverem a possibilidade de estar juntas, de criar juntas, colaborar juntas, sustentar juntas toda essa mudança de paradigma, o mundo entra na tão necessária inclusão.

Integrando, acolhendo e respeitando a diversidade, inclusive entre gêneros, etnias e nações. Percebendo que cada uma, do seu jeito único de ser, é essencial para a construção de uma nova realidade.

Juntas podemos fazer a grande diferença!

Perdão

Sempre que pensamos no perdão, acreditamos estar fazendo algo para os outros, só que, na verdade, quando perdoamos alguém de coração, estamos também nos libertando da raiva, da inveja, do ódio, da frustração e da culpa dentro de nós. Perdão é libertação. Perdão nos conecta com a unicidade.

Esses sentimentos, quando guardados, prendem a nossa energia àquela pessoa, além de devorar nosso coração aos poucos e de nos dar a sensação de separação do todo. Afinal, todos aqui fazemos parte da natureza. Somos conectados. Enquanto não existir perdão, não existe união. Isso não significa que ao perdoar alguém você precisa conviver com quem a abusou, a violentou, a traiu, ou qualquer situação menor ou maior que essas. Perdoar é entender a verdade como ela é, trazer para a consciência o padrão ou o porquê que você passou por aquela experiência, aprender e deixar ir. Enquanto você não trouxer para a consciência a raiz do que causou aquela situação na sua vida, a mesma situação pode se repetir. Tudo que vivemos é um aprendizado. Não é sua culpa.

Por isso, pense nas pessoas que você ainda não perdoou e se pergunte: Por que estou vivendo ou vivi essa situação? O que preciso aprender? Escreva tudo em um papel. Se precisar colocar sentimentos de raiva, dor, medo e repúdio para fora, também coloque nesse papel. Coloque tudo para fora, não deixe nada negativo guardado dentro do seu coração. Por fim se pergunte: O que devo trazer para a consciência? Qual padrão posso estar repetindo? Se o perdão for verdadeiro, você sentirá. O perdão verdadeiro acontece dentro do seu coração.

O perdão irá libertá-la.

Respire

Sempre que se sentir ansiosa, com raiva, medo ou culpa, experimente uma técnica simples, mas MUITO eficaz.

Respire!

Respire profundamente de três a dez vezes, até perceber que aquela sensação passou. Faça isso sempre que necessário.

RESPIRE

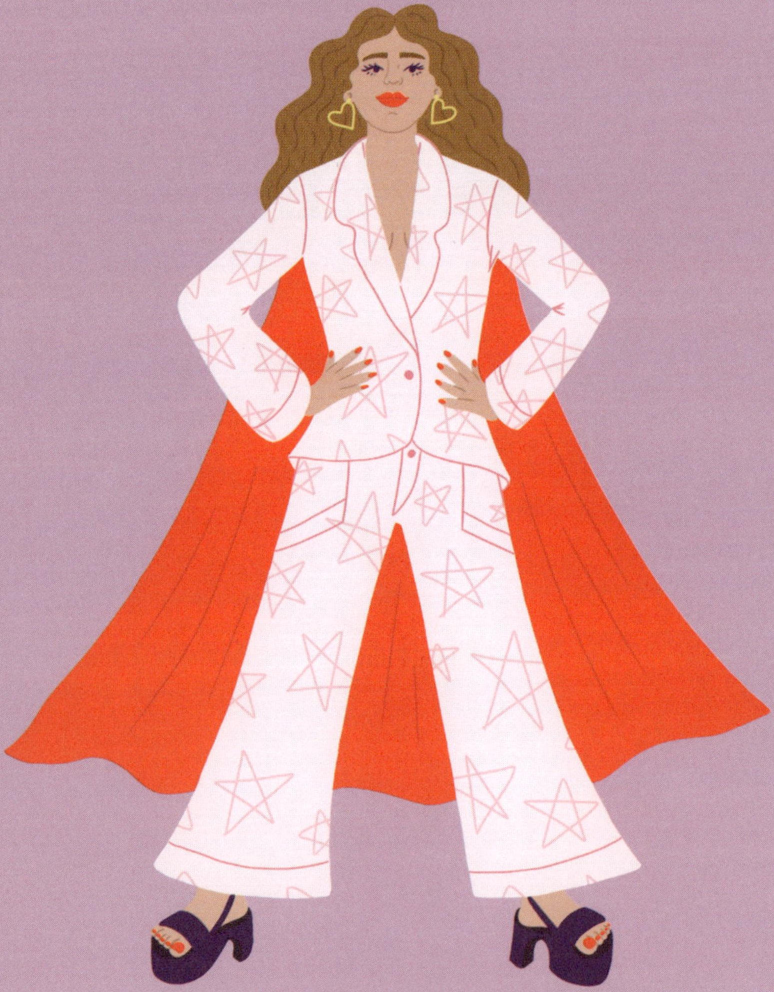

Mulher Maravilha

O seu corpo está diretamente conectado com seu emocional. Imagine uma mulher triste, insegura e deprimida. Como estaria o corpo dela? Ombros curvados, olhos baixos e cabeça caída. Perceba que fazemos isso sempre, de forma inconsciente, quando não estamos bem. Acaba sendo também nossa posição de "descanso" habitual quando estamos em casa. Por isso, quando ficamos muito tempo em casa, nós nos sentimos mais para baixo porque, sem perceber, estamos mandando exatamente essa mensagem para o nosso cérebro.

Agora, usar isso para burlar momentos mais tristes pode ser uma ferramenta potente para mudar nosso estado emocional. Quando você imagina uma mulher feliz, bem-sucedida, confiante e amada, qual é a sua postura? Cabeça erguida, costas eretas, ombros relaxados e peitos para cima. Quando começamos a ter consciência disso, podemos usá-la para criar essa sensação de poder para nós mesmas.

A elegância verdadeira vem muito mais da sua postura do que da sua roupa. E a moda começa a ter um papel um pouco parecido com esse.

Claudia Leitte
Cantora e madrinha do Free Free

Free Free é coisa de mulher forte.

Free Free veio abrir espaço para você.

MEDO
MEDO
MEDO
MEDO
MEDO
MEDO

?

Medo de ser julgada?

Você sente medo de ser julgada? Todos nós temos. É quase impossível vivermos sem nos importar com a opinião dos outros. Mas, quando você começa a se conhecer melhor, esse autojulgamento passa a diminuir, porque você passa a compreender seus valores, suas verdades e sua história.

Uma coisa é certa, não dá para se importar com a opinião de todos. Como, por exemplo, uma amiga que não trabalha criticar o sucesso ou insucesso do seu trabalho. Ou uma pessoa que não tem filhos criticar a forma como você educa seus filhos. Ou a crítica de alguém sobre seu corpo ou sua roupa quando você se sente confiante e feliz com eles. Esse julgamento normalmente não tem a ver com você, mas com as inseguranças daquela pessoa consigo própria.

Agora, críticas construtivas são muito importantes para o nosso crescimento; então, escolha bem de quem você vai ouvir uma opinião.

Vergonha do que os outros pensam?

A vergonha é um sentimento que está conosco há gerações e gerações. Existe uma vergonha inconsciente que, quando não trazida à consciência, pode se tornar nosso pior inimigo. É uma vergonha que vai além do racional.

Comece a anotar quando você sente vergonha. Você só vai conseguir se libertar desse sentimento se tomar consciência dele. Um exercício que pratico quando isso acontece é me sentar diante do espelho e conversar com aquela menina envergonhada. Afinal, qual o medo dela? Lembre-se de que perfeição não existe. A vergonha normalmente vem atrelada ao medo de ser descoberta ou de ser julgada.

A religião, a política e o mito da mulher perfeita, do corpo perfeito, da vida perfeita, têm bastante influência aqui. Perceba de onde vem essa sensação e faça as pazes com esse lugar. Temos de olhar de frente para ela para libertar esse nosso aspecto.

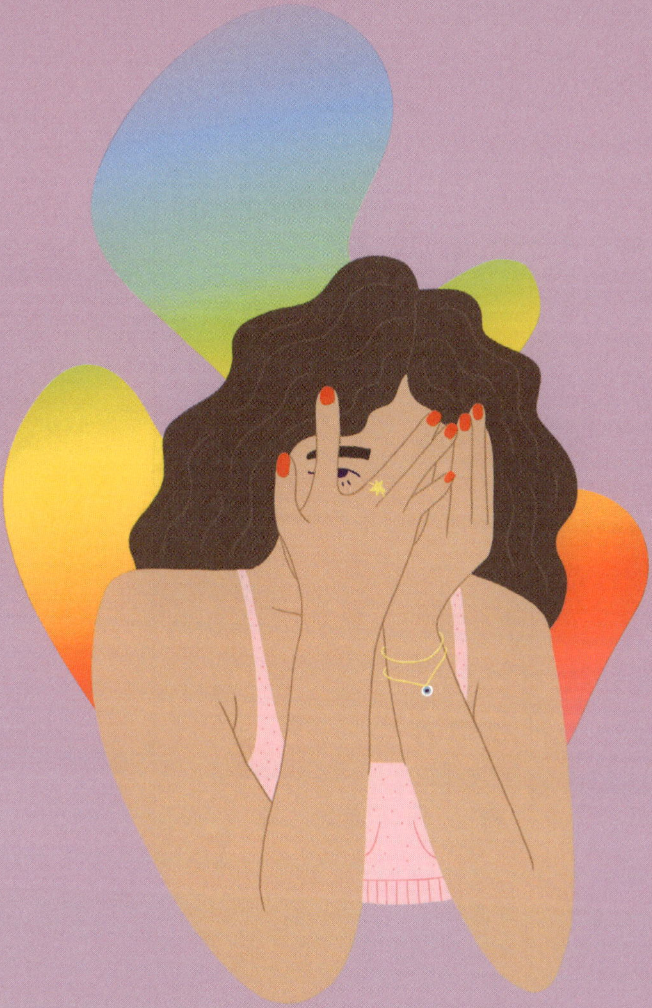

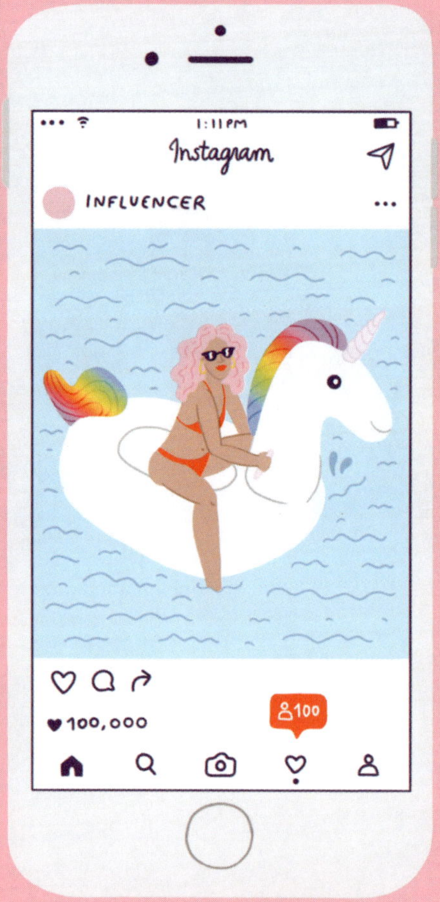
1:11 PM
Instagram
INFLUENCER
100
100,000

Vamos trabalhar a culpa?

A culpa é traiçoeira. Muito cuidado com ela, porque ela faz você enxergar o mundo como um lugar de dor e de forma distorcida. Um lugar de débito. Sempre me senti culpada por não ter a família perfeita, por não ter um trabalho perfeito, por não ser uma mulher perfeita e uma mãe perfeita.

Sentia-me responsável por tudo e todos. Mas a verdade é que a culpa, muitas vezes, vem da comparação com a suposta vida perfeita, que hoje é tão simulada pelas redes sociais. O sentimento de culpa vem daquele lugar em que a sociedade nos faz acreditar que o certo seria fazer de outra forma e não da maneira como nós sentimos ser necessário fazer.

Faça uma lista daquilo que você se sente culpada e escreva por quê. Isso irá ajudá-la a perceber padrões antigos e a origem desse sentimento.

A moda me salvou (não foi um príncipe encantado)

A minha infância não foi um conto de fadas, então eu criava o meu mundo imaginário para dar conta da instabilidade emocional que eu vivia na minha família. A arte, a pintura, a beleza, a moda eram ferramentas de cura que me transportavam para um mundo no qual eu não precisava fingir ser uma menina perfeita. Personagem que criei como forma de sobrevivência. Em quatro paredes, a moda era minha brincadeira favorita porque me ajudava a fantasiar, a brincar com personagens mais livres e divertidos. Tirava-me da menina perfeita e me levava para um lugar mágico.

Criei a personagem da menina perfeita achando que, assim, poderia salvar minha família: boa aluna, educada, recatada, séria. Mas a verdade é que isso só me afastou da minha essência e não salvou ninguém.

Cada família tem suas questões, disfunções e problemas. Crescemos vendo nos filmes infantis uma história que não é realista, que causa mais dores do que alegrias por ser, simplesmente, inatingível.

Nenhuma mulher é vítima e nenhum homem é salvador, e esses papéis precisam ser desmistificados para que nossas meninas e meninos possam simplesmente ser quem são. São esses estereótipos que nos fazem entrar em possíveis relações abusivas e violentas, em termos psicológicos ou até mesmo físicos.

Foi quando perdi minha mãe, aos 21 anos, que me encontrei na moda, passando a fazer dela minha profissão.

Que tal você aproveitar este momento para lembrar aquela brincadeira de que tanto gostava quando criança? Havia algo que a transportava para um lugar mais mágico também? O que a levava a gostar daquela brincadeira?

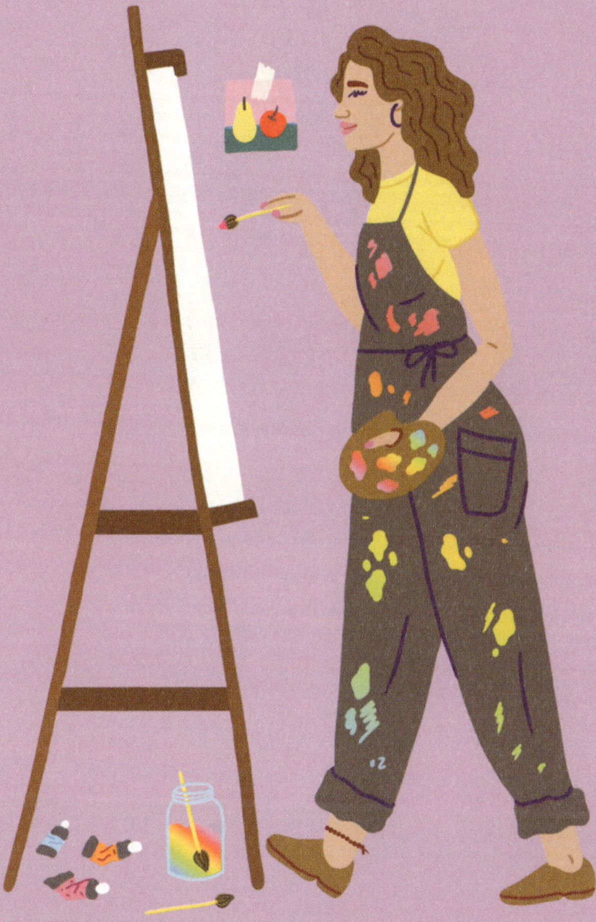

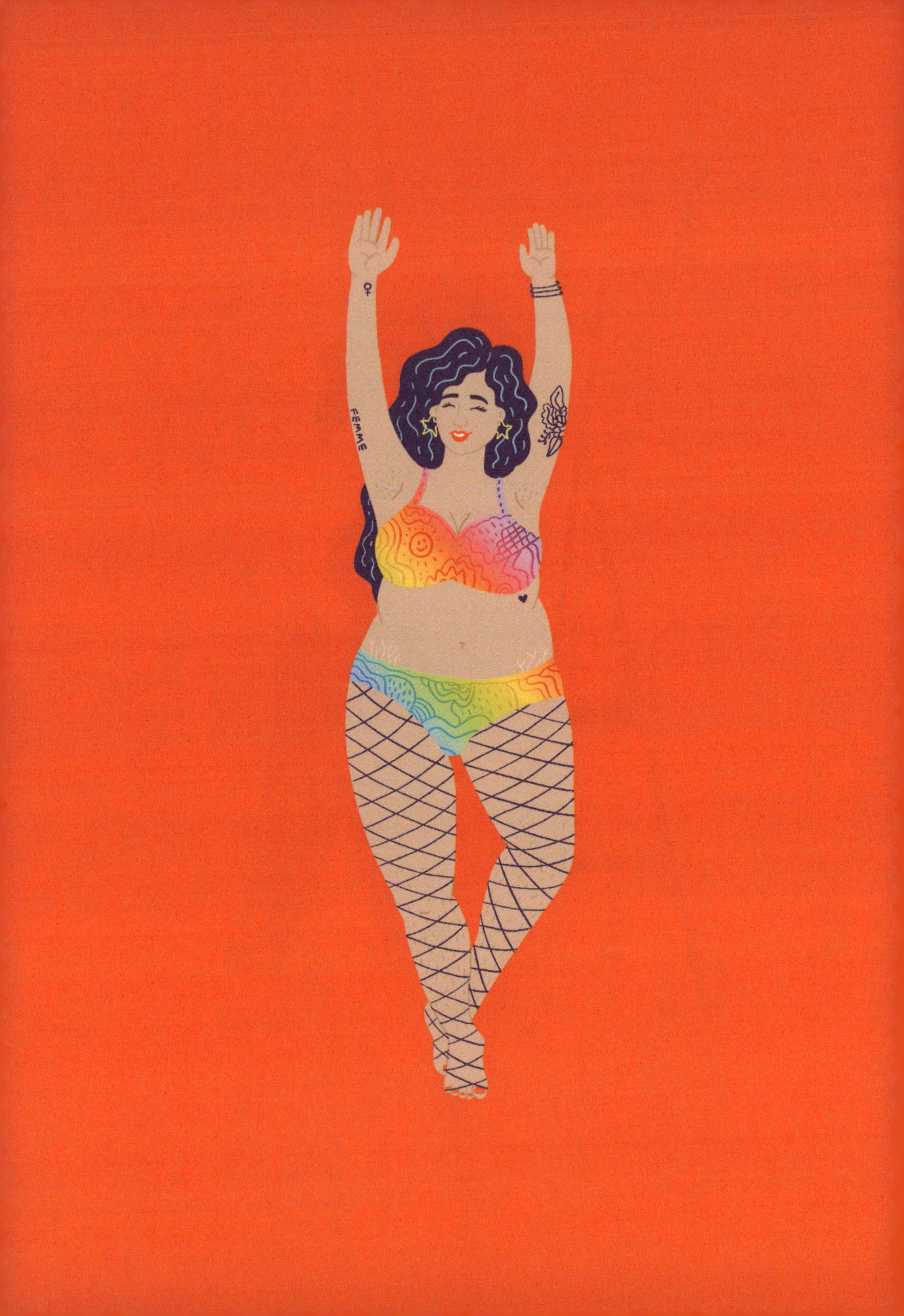
FEMME

Você não precisa ser perfeita

Para ser amada, você não tem de ser perfeita. Você precisa se amar e ser feliz. Quando minha mãe faleceu, refleti: a vida é curta e fora do nosso controle – quero mesmo é ser feliz agora. Mal sabia eu da jornada que ia começar. Afinal, até ali, quem era a Yasmine?

Larguei a faculdade de direito, meu trabalho num escritório renomado de advocacia, e me mudei para Londres, para estudar moda. Afinal, naquele momento, a única coisa que eu sabia sobre mim é que a moda me deixava feliz.

Mas a felicidade não é um estado constante. Esqueça isso também. A felicidade é algo que construímos todos os dias, em todos os momentos – não no futuro, mas no agora. Felicidade se constrói mantendo nosso estado psíquico positivo. Sempre gosto de escrever o que me faz feliz. Isso me ajuda lembrar pequenas coisas que me deixam alegre.

Rir também pode ser uma forma de meditar. Faço isso quando estou tendo dias mais tristes. Experimente rir, mas rir mesmo. Gargalhe (mesmo que forçando) por um minuto e veja o que acontece.

Ser feliz não significa não ter dias tristes

Ser feliz não significa que você não terá dias tristes. Os problemas da vida acontecem e estão fora do nosso controle. Só que podemos encarar os problemas como oportunidades de aprendizados. A dor também é importante para o nosso crescimento. É um sinal de que alguma coisa ali precisa mudar e se transformar. A dor é um alerta de que há algo, às vezes escondido, que precisamos trabalhar. Uma ferida disfarçada, uma lembrança esquecida, um trauma... Algo que precisa mudar. Por isso, fazer terapia ou buscar autoconhecimento é tão importante.

Essa história de que fazer terapia é sinal de fraqueza e coisa de louco não existe. Não há vergonha nenhuma em se procurar ajuda. Fora que o autoconhecimento contribui no sentido de lidar melhor com problemas que surgem no dia a dia, como: término de relacionamento, perda de um ente querido, demissão do trabalho, inseguranças, medos. Em casos mais sérios, pode ajudar a diagnosticar depressão, bipolaridade e, até mesmo, a evitar possíveis tentativas de suicídio.

Faço várias terapias diferentes: psicanálise, PNL, thetahealing, constelação familiar. Gosto de experimentar opções diferentes porque uma vai completando a outra. O importante é cuidar-se e ir se conhecendo.

Busque uma terapia de que goste e reserve esse momento para você. Hoje existem várias opções online e até mesmo gratuitas. O autoconhecimento nos liberta.

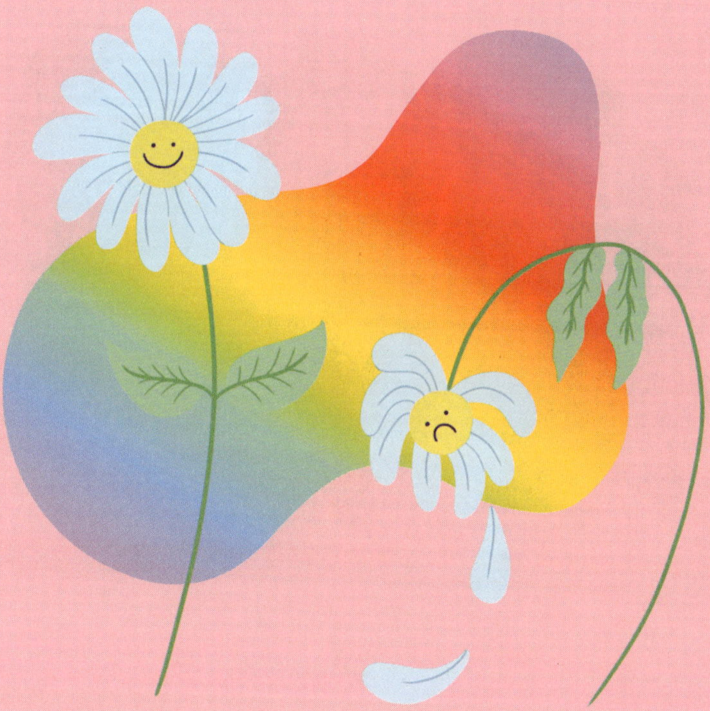

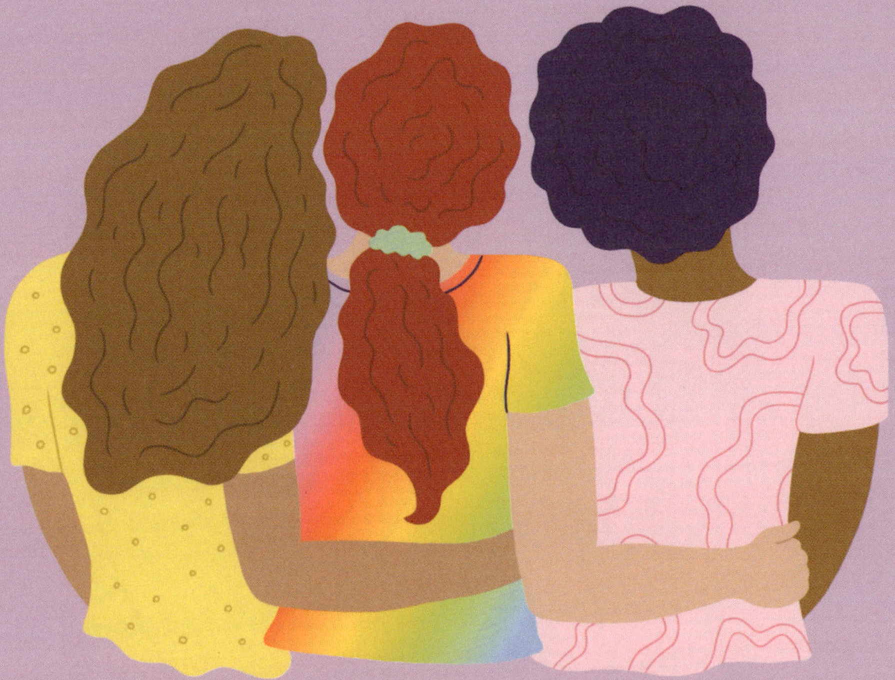

Peça ajuda!

Além da terapia, ter amigas ou um grupo de pessoas que sejam sua rede de apoio é muito importante. Caso você não tenha, procure o seu. Hoje existem diversos grupos de apoio, até mesmo online.

Ter pessoas em que você possa confiar é fundamental para ajudá-la a superar desafios. Quando voltei para o Brasil com a Violeta bebê, minhas amigas se tornaram minha família. Eu tinha 30 anos, mãe de primeira viagem, numa fase em que estava trabalhando muito. Fechei grandes contratos de publicidade, estava fazendo o styling da Anitta e assumi um cargo ainda maior na Vogue. Uma fase de muitos desafios pessoais e profissionais.

Foram noites na emergência do hospital com a Violeta, viagens, uma época em que perdi trabalhos porque julgavam que eu não estava tão disponível em função da maternidade (incrível como isso ainda acontece). Cheguei a ouvir de uma mulher (sim, de uma mulher!) que não queria mais trabalhar comigo porque eu já não poderia mais viajar tanto porque agora tinha uma filha. Havia momentos em que eu achava que não ia dar conta, mas tinha sorte por ter minhas amigas e bons terapeutas sempre ali do meu lado. Finalmente aprendi a pedir ajuda e enterrei de uma vez por todas a menina perfeita que precisava dar conta de tudo sozinha. Foi um processo, e eu o enfrentei. O ser humano nasceu para viver em comunidade, e quando aprendemos a compartilhar e a viver de forma mais coletiva, tudo flui naturalmente. Mulheres não devem competir umas com as outras. Mulheres não devem julgar umas às outras. Temos de nos apoiar respeitando as nossas diferenças e tendo mais empatia. Ofereça ajuda e permita ser ajudada quando precisar.

Valeria Scarance
Promotora de Justiça e coordenadora do Núcleo de Gênero do Ministério Público do Estado de São Paulo

Você já parou para pensar em seu relacionamento?

Em qualquer situação, mesmo que a paixão seja forte ou o relacionamento, estável, é importante não abandonar suas bases de segurança: família, amigas e amigos mais próximos, seu trabalho ou estudo, seus dons, seus afetos, atividades preferidas, como você gosta de ser, seus valores. Homens dominadores em regra afastam as parceiras dessas bases, para torná-las totalmente dependentes. Eles dizem que suas parceiras "nunca irão encontrar um homem que as aceite como ele aceita", ou controlam todo o dinheiro do casal para que a mulher não tenha como sair da relação.

As relações abusivas, em regra, envolvem essas características, como se fosse um código, um CIC: "C": controle sobre a vida; "I": isolamento da família e dos amigos; "C": ciúme excessivo. Se isso acontecer com você, imponha limites e retome seu espaço.

Autonomia, independência e autoestima são inegociáveis.

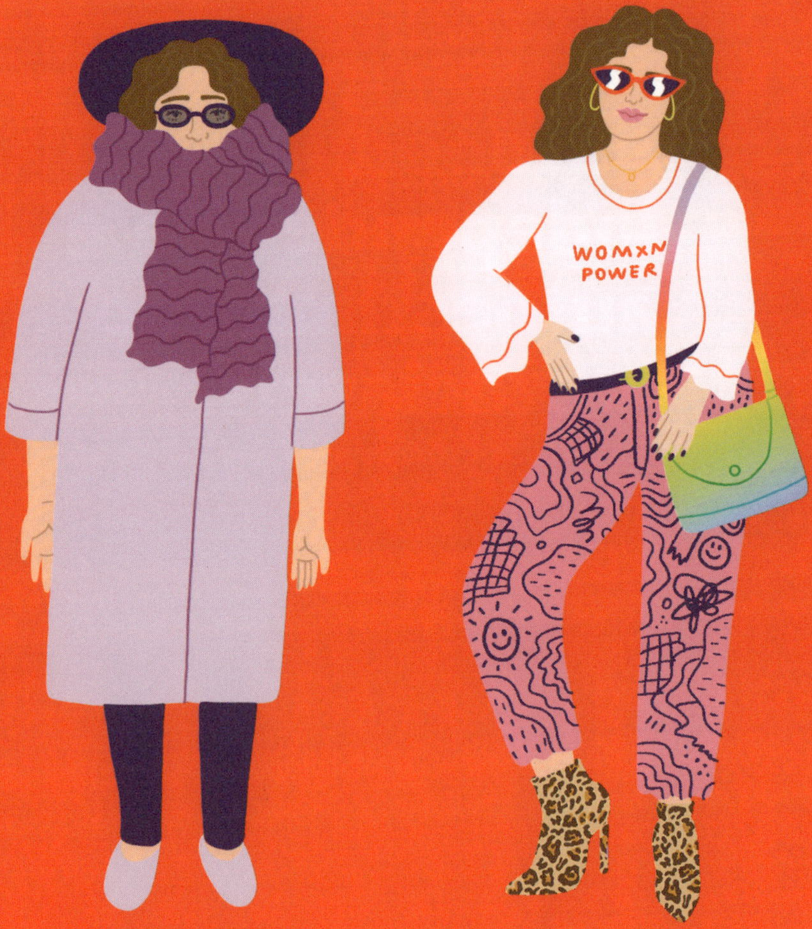
WOMXN
POWER

Moda é terapia

A moda, para mim, começou quando eu era criança. Eu sempre adorei brincar com roupas para criar personagens e ativar um mundo encantado dentro de mim. Eu misturava cores, texturas, fantasias. Adorava me maquiar, pintar. Era um mundo no qual tudo era possível. Não existia vergonha, nem medo, nem culpa. Eu simplesmente brincava. E a moda era a forma de acessar minha liberdade.

Moda, para mim, é reflexo de um estado psicológico. Quando estou bem, gosto de me vestir, de me arrumar, de ousar, de brincar com a moda. Quando estou triste, escondo-me por meio dela. Foi algo inconsciente até perceber que esse comportamento poderia ser burlado e eu poderia usar esse mecanismo para criar a emoção que gostaria de sentir. Foi aí que comecei a testar tudo isso.

Nos dias em que me sentia triste, comecei a usar roupas que me faziam sentir poderosa. No início, era extremamente desconfortável, mas, ao longo do dia, a mensagem que eu estava mandando para o meu cérebro era: você é poderosa. E eu passava a me sentir daquele jeito.

Sim, isso acontece. Você acaba entrando no personagem que construiu. Como num filme em que o ator precisa do figurino para entrar no papel. Na vida também é assim, e você pode dar comandos para o seu cérebro de como quer se sentir por meio da roupa que está vestindo. Para isso acontecer, é importante perceber quais peças fazem você se sentir dessa ou daquela forma. A partir daí, você entra no comando consciente da sua história e usa a roupa como ferramenta para construir o estado psíquico que deseja no momento.

Thelma Dias do Vale
Maquiadora e participante do primeiro
workshop Free Free

Eu vim do campo, de uma cidadezinha chamada São João do Paraíso, no norte de Minas Gerais, com meus três filhos. Vim com o sonho de encontrar um bom emprego em São Paulo.

Com muita luta, trabalhei como diarista e consegui comprar um apartamento. Mas, infelizmente, por conta dos problemas de saúde de minha terceira filha, cardiopata, e por falta de educação financeira, perdi o imóvel num leilão que, por coincidência, aconteceu no mesmo prédio em que reencontrei Yasmine. Conheci-a pela primeira vez quando fui convidada a participar de um workshop do Free Free.

Naquela época, eu tinha acabado de sair de um relacionamento abusivo, em que eu era alcoólatra e meu parceiro, adicto. Eu fui me tratar, mas ele não aceitava procurar ajuda. Em resumo, não dava mais para ficar sob o mesmo teto e decidi me separar, mesmo ainda havendo amor. Fiquei com depressão e com uma filha pequena para criar. Naquele workshop, consegui uma força muito grande para seguir em frente, me curar. Acredito que as pessoas só podem ser ajudadas quando querem. Meu ex-marido não quis, mas eu sim!

Com o Free Free, aprendi que a roupa é a nossa segunda pele. Eu nunca tinha parado para pensar nisso, no que a roupa representava. Ali eu consegui força e garra, tive vontade de cuidar de mim, de me defender. Eu não sei explicar, mas foi a minha transformação! A partir daquele momento, tinha de decidir se ia continuar no chão ou engatinhar, me reerguer, me levantar. Eu decidi mudar minha vida, ir para cima do problema e enfrentá-lo, sem fugir. "Vou reagir, vou me mexer!", pensei.

De lá para cá, voltei a estudar, conquistei uma bolsa de estudos no Liceu de Maquiagem e me formei maquiadora profissional no final de 2019. Hoje, sou maquiadora de demonstração de produtos e vendedora em uma pop-up do

Care Natural Beauty, no Shopping Iguatemi, em São Paulo. Foi tudo maravilhoso, é isso que eu queria contar: o Free Free mudou minha vida, me deu uma força que eu não imaginava e, a partir daí, pude sonhar e acreditar em mim de novo, pude saber que é possível. Você me deu coragem e é responsável pela minha vitória. Hoje, eu me amo muito, e você me devolveu meu amor-próprio. Amor que eu tinha perdido. Eu sou capaz, eu sou forte, eu posso, eu quero, eu consigo! Comecei a observar mais as roupas que uso, as pessoas, os lugares, pude agarrar as oportunidades que foram vindo. Não tenho palavras para agradecer, só tenho vontade de abraçar Yasmine e dizer: "Muito obrigada por mudar minha vida com suas palavras!".

Com o Free Free, aprendi que a roupa é a nossa segunda pele.

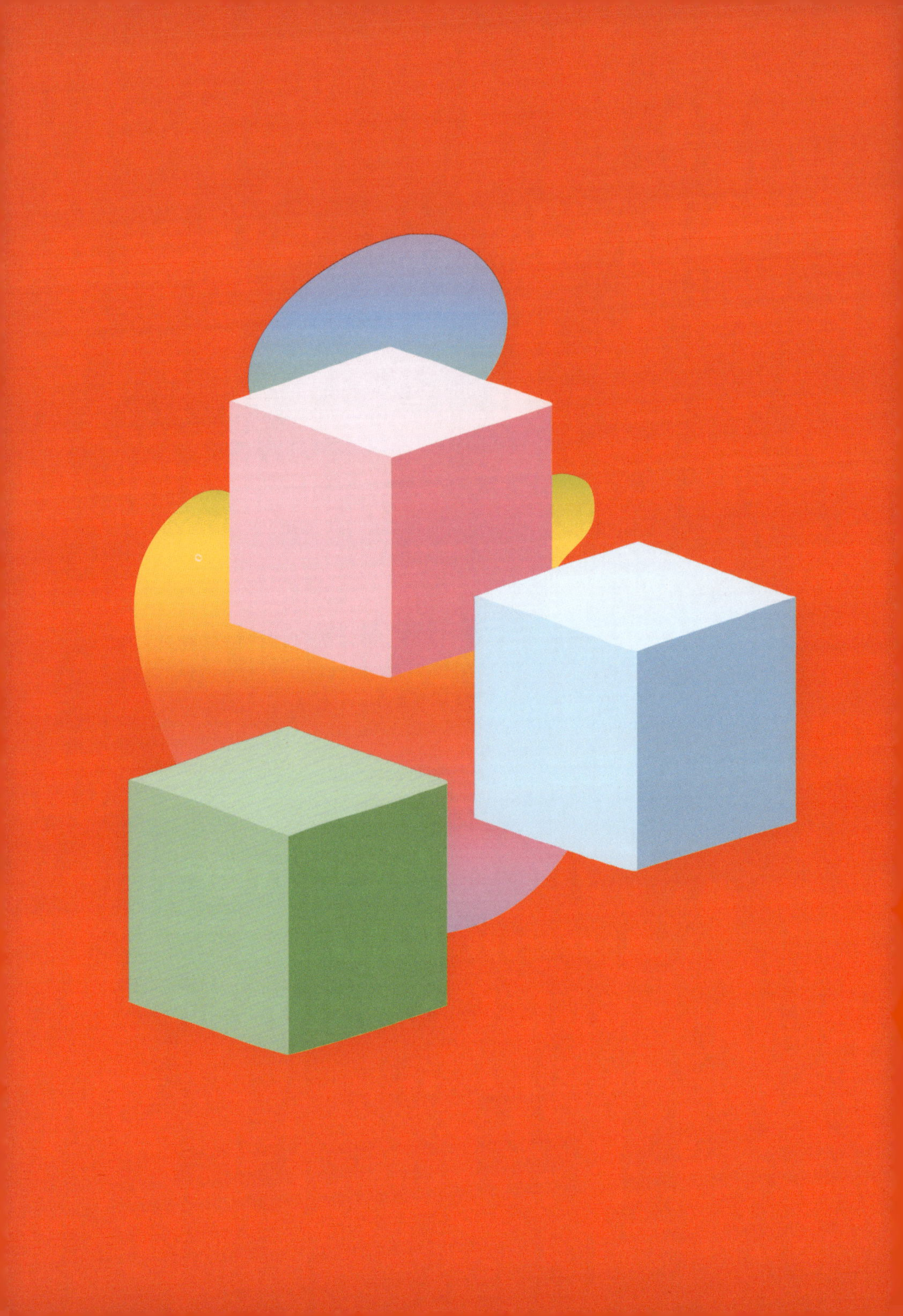

Você está criando seus próprios papéis?

Quando perdi minha mãe e me mudei para Londres, usei meu trabalho para me curar. Tinha tanto medo de lidar com a dor que eu sentia que a anestesiei com meu trabalho. Houve um lado bom e um lado ruim dessa história toda.

O lado bom é que construí uma carreira de sucesso. Dediquei-me tanto ao trabalho que, aos 23 anos, fiz minha primeira capa da Vogue RG, e, aos 24, me tornei editora de moda da Vogue. O lado ruim é que passei mais sete anos sem saber a essência da Yasmine.

Acabava encarnando personagens conforme esperado pela sociedade: estudante, depois editora de moda e fashionista, mulher casada, mulher divorciada e adolescente adulta. Eu me definia conforme meu título no trabalho ou status de relacionamento. Como não sabia quem eu era, tentava me encaixar naquilo que a sociedade esperava que eu fosse.

Acabei me perdendo ao longo desse caminho e fiquei muito deprimida. Um grande amigo meu dizia que eu vivia no mundo da lua. Sim, eu estava anestesiada e desconectada. O fato é que, quando você não sabe quem é, fica tentando se encaixar em papéis predefinidos sem sequer questionar. O problema é que somos indivíduos diferentes, e a mesma caixinha não funciona para todas nós. Por isso, a ideia é começar a criar o seu próprio universo.

Quais são os papéis que você está vivendo hoje? Quais são os papéis que você gostaria de viver?

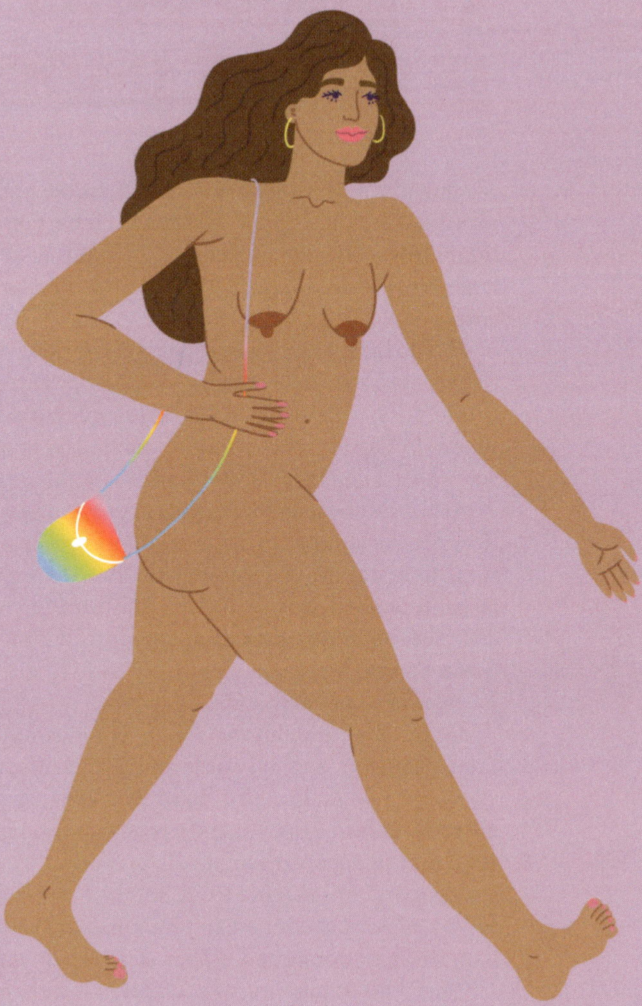

Você não pode sair de casa pelada

Para viver em sociedade, você não pode sair de casa pelada (ainda). A roupa faz parte do nosso dia a dia, goste você ou não – da hora em que acordamos até a hora em que vamos dormir. Por isso, a roupa que você usa gera uma emoção em você e uma reação nos outros.

Estamos vestidas na hora em que assinamos o contrato que nos torna diretora de uma empresa, quando levamos nossos filhos à escola, quando conhecemos o amor da nossa vida, quando nos divorciamos, quando levantamos da cama. Com isso em mente, como será que a moda pode ajudá-la a construir a realidade que deseja para você?

Qual sentimento você quer passar com a roupa que está usando? Em você ou nos outros? A forma que você se apresenta causa uma reação.

Depois que aprendi tudo isso, essa ferramenta já me ajudou em alguns momentos, quando precisei de força e coragem ou simplesmente quis causar uma reação nos outros. Já fui à reunião, com advogado, de vestido de praia e havaianas. Já me camuflei numa reunião de negócios que só tinha homens e me vesti de terno e gravata. Já coloquei roupa sexy para me sentir poderosa. Já vesti preto para parecer séria. Já usei calça jeans e camiseta quando precisava vestir algo mais formal, já usei moletom em desfile de moda e tênis em casamento.

E sabe o que aconteceu? Eu decidia como queria ser vista e como queria me sentir naquele momento, por saber que sentimento aquele visual me causava. Eu decidia quem eu queria ser naquele momento. Qual Yasmine eu precisava ser. A empresária? A mãe? A dona de casa? A amiga? A rebelde?

Todos nós somos muitos em um. São vários os papéis em que atuamos nesta vida. A roupa é o seu figurino para o filme que é a sua vida. Construa seu personagem com consciência.

Lembra quando você chegou em um lugar com uma roupa inadequada e se sentiu estranha, tímida, pequena? Não deixe mais isso acontecer. Aprenda a usar a sua roupa para ter o sentimento que irá ajudá-la naquela situação.

Ao ir a uma reunião sentindo-se mal consigo mesma, você negocia pior. Quando vai a uma festa sentindo-se insegura, você deixa de se divertir.

Não se esconda mais.

Você merece ser a melhor versão de si.

Sophia Abrahão
Atriz

Que loucura esta vida, esta busca incessante por espaço, por uma voz, não é?

Estamos ainda aprendendo a nos posicionar, aprendendo a lidar com várias questões que só quem é mulher sabe.

Acredito muito que podemos nos transformar e, assim, influenciar o nosso entorno.

Acredito também no poder da educação, afinal de contas, conhecimento é poder. Quando estamos fortalecidas e independentes, intelectual, emocional e financeiramente, nós nos tornamos donas da nossa história.

Estamos vivendo um momento lindo, estamos finalmente despertando e descobrindo nossa real importância dentro de um sistema que sempre nos deixou de lado.

Força! A sua caminhada será brilhante! E, no final das contas, não se trata de onde vamos chegar, mas, sim, das escolhas que tomamos durante o trajeto.

Desejo a você toda a sabedoria do mundo para fazer as escolhas certas.

Com a moda você pode ser quem quiser

Os tempos atuais são libertadores. Tudo é válido e tudo é moda. Não existe mais certo ou errado. Por isso, aproveite e use a moda como ferramenta para criar o seu presente e seu futuro. Está nas suas mãos. Não existe mais manual da moda. A moda quem faz somos nós. Eu sei, é um pouco assustador. A liberdade sempre vem com responsabilidade. Então, um passo de cada vez. É preciso desconstruir para reconstruir.

Vamos começar com uma brincadeira? O único pré-requisito é deixar a sua vergonha e seus preconceitos de lado.

Experimente vestir algo que você jamais imaginou que pudesse usar. Uma roupa que não tem nada a ver com a sua personalidade. Deixe seus sonhos escondidos aparecerem. A moda está aí para isso. Acredite, essa brincadeira pode curá-la.

Aqui vão algumas ideias para você testar – deixe sua imaginação livre. Brinque, explore, divirta-se no processo. Enquanto estiver experimentando, faça fotos de cada visual para lembrar e comentar depois.

1 - Escolha uma personagem que lhe seja inspiradora e copie o look.

2 - Vista-se da forma como você se vê daqui a dez anos.

3 - Vista-se como a mulher que você mais admira profissionalmente.

4 - Vista-se como a mulher que você acha mais sexy.

5 - Vista-se como alguém que você detesta.

6 - Vista-se como você se vestia quando criança.

7 - Monte um look todo vermelho.

8 - Monte um look todo preto.

9 - Monte um look brilhante.

10 - Monte um look totalmente sóbrio.

11 - Use estampas de animais ou flores.

12 - Vista saia curta e use decotes generosos.

13 - Use muita maquiagem.

14 - Não use nenhuma maquiagem.

15 - Vista calça jeans e camiseta.

Use sua criatividade. Faça quantos visuais quiser. Aqui são apenas algumas ideias.

Na foto de cada visual, escreva como aquele visual fez você se sentir. Essa é uma forma potente de se conhecer.

Alguns visuais vão incomodar. Outros libertarão desejos escondidos. Haverá ainda os que farão você se sentir em paz e confortável consigo mesma. Outros lhe darão confiança.

Registre tudo isso com imagens, fotos, desenhos ou da forma que lhe seja mais prática.

Quando precisar resgatar algum sentimento, vá até esse registro para lembrar qual look (roupa, maquiagem, acessórios, perfume) você estava usando.

E recorra a ele.

Sua mente vai interpretar que você está segura, confortável, alegre, poderosa, ousada. Lembra o que falei sobre o nosso cérebro poder ser burlado? Vamos usar o look para criar o sentimento que queremos e, assim, a realidade que almejamos.

Você quer se tornar uma CEO? Vista-se como a CEO que mais admira. Construa a sua realidade por meio das roupas que está usando.

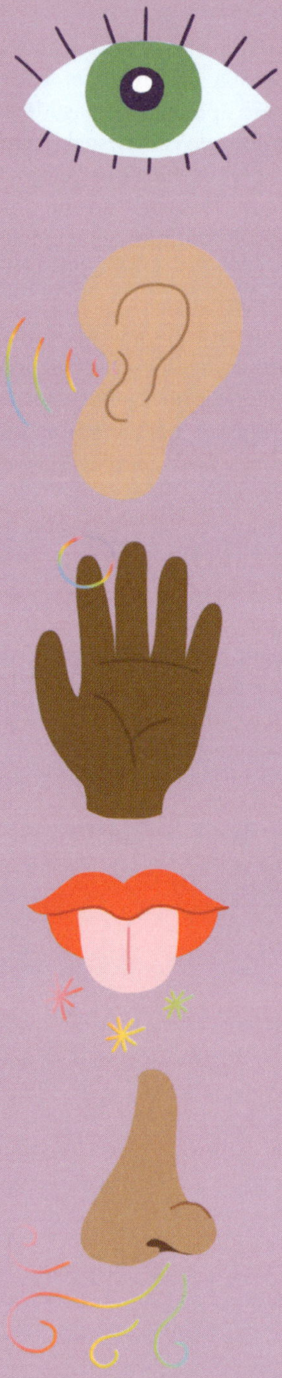

Moda e os cinco sentidos

Para levarmos isso mais a fundo e potencializar as sensações por meio da moda, crie looks que despertem os cinco sentidos em você e nos outros.

Cores fortes são poderosas por isso. Assim como texturas com brilhos. Bordados. Peças de lã. Um bom perfume. Tudo aquilo que aumenta o olhar, o toque, o cheiro, o som e o gosto deixa tudo mais potente.

Quanto mais sentidos forem aguçados, mais emoções você desperta, para o bem ou para o mal.

Seu corpo é seu lar

Seu corpo é seu lar. Seu corpo é seu lar. Seu corpo é seu lar. Repita quantas vezes for necessário. Ame seu corpo, cuide do seu corpo. Confie no seu corpo. Abrace suas imperfeições. São elas que a fazem única. Ressalte aquilo que você tem de mais diferente.

A moda é uma ferramenta para você mostrar o que tem de melhor. Divirta-se com isso. Não deixe de usar roupas por estar, supostamente, "fora do padrão". Esse padrão não existe. Crie seu próprio padrão. Mostre quem você é.

Aproveite este momento e vista agora mesmo uma roupa que você deixou de usar porque sentia vergonha do seu corpo.

AMOR
PRÓPRIO

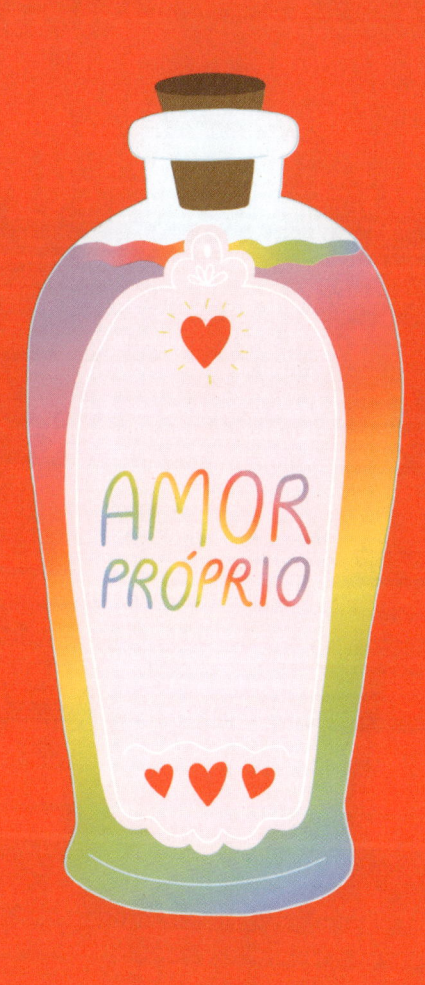

Juliana Ferraz
Empreendedora

Sou baiana de nascimento, paulistana por adoção, e quem me vê sorrindo, subindo degraus, matando um leão por dia e chutando portas para entrar e me fazer notar em ambientes quase sempre comandados por homens, às vezes não percebe o que há por trás da casca de durona.

Se profissionalmente sempre fui uma guerreira, que nunca teve medo de se reinventar e me levantar depois de alguns tropeços, pessoalmente sempre fui uma mulher insegura com meu corpo, com minha aparência e com a imagem que eu transmitia. Sempre fui gorda.

Desde criança, tinha vergonha de me despir na frente dos outros – sejam eles meus namorados ou desconhecidos à beira da piscina do clube. Hoje, depois de passar por um burnout, controlar a ansiedade, a depressão e a compulsão alimentar, doenças que me acompanharam por muito tempo, fiz as pazes com o espelho e, principalmente, com quem eu sou.

E eu sou assim: feita de altos e baixos, sucessos e fracassos, avanços e recuos. E está tudo bem. A gente consegue ir mais longe, ver acima da fumaça quando entende que está tudo bem não estar tudo bem o tempo inteiro.

Um dia de cada vez, um passo de cada vez, um acerto de contas com a gente mesmo de cada vez. E, aos poucos a gente chega aonde quer.

Tenho certeza que eu, você e todas nós queremos ir muito longe.

Agora que tiramos a culpa, o medo de ser julgada e a vergonha, quem será que ficou aí?

Olhe-se no espelho! Quem ficou aí? Uma mulher. Inteligente. Corajosa. Capaz. Potente. Linda.

Agora imagine a vida ideal para você. Como ela é? Aonde você gostaria de chegar, com quem, como? Escreva o que vem à cabeça. Deixe as ideias fluírem, solte a criatividade. Mesmo que pareça irreal.

CORAGEM
CORAGEM
CORAGEM
CORAGEM
CORAGEM
CORAGEM
CORAGEM

Você pode ser quem você quiser. Basta ter coragem!

Coragem e medo andam juntos. O que difere um do outro é a ação. O medo paralisa, a coragem leva adiante.

Muitas vezes, na iminência de fazer um ato corajoso, o medo é uma forma de o seu cérebro protegê-la do desconhecido. Por isso ele é ativado: "Opa, aonde você está indo? Isso pode ser perigoso. Melhor ficarmos por aqui".

Quando superamos esse sentimento e agimos, tudo vira possibilidade.

Se você sempre repete um padrão, sempre terá o mesmo resultado. Para quebrar isso, precisamos abraçar mudanças em pequenas ou em grandes escalas.

Já precisei de muita coragem para chegar aonde cheguei, como mulher, mãe e profissional.

Mudei muito e precisei de coragem para mudar. Larguei o direito para fazer moda; mudei de país grávida; divorciei-me; resolvi empreender depois de ter uma carreira consolidada como stylist.

Mas, ao longo desse processo, aprendi algo valioso. A mudança é a única certeza que temos na vida. Tudo que é vivo está em constante mudança. Isso é um chavão, mas pura verdade.

Nunca foi fácil, mas mudar foi necessário para o meu crescimento e importante para chegar aonde cheguei hoje, tanto na moda quanto na vida.

Por meio do Free Free, vi que todas nós temos condições de alcançar lugares inimagináveis. Essa mudança acontece dentro de nós.

O que está impedindo você de se tornar a melhor versão de si própria? Quais são seus medos?

A moda sempre foi cíclica e hoje quem dita esse ciclo é você

No passado, existiam ciclos de estilo que se tornavam tendências. Estas eram impostas como as grandes regras da moda. Quando não se tem um corpo que "pertence" a um padrão, isso causa dor e uma eterna sensação de vergonha. Hoje, o padrão quem cria é você (ainda bem!). A beleza está nas nossas diferenças. Abrace as suas. Idade, cor, raça, gênero, deficiência, tamanho, etnia... A beleza do mundo está na pluralidade.

Não esconda mais o que a difere dos outros. Ressalte as diferenças! Mostre-as! Não tenha medo de ser diferente. Tenha coragem de mostrar quem está aí. Você é única. O Free Free fez um desfile para mostrar justamente isso. Uma pluralidade de corpos, cores, idades. Foi tão emocionante ver tantas mulheres juntas. Moda é isso.

A moda deve incluir e não excluir. Vivemos na era da empatia. Respeito, colaboração, diversidade, inclusão e criatividade são as palavras de ordem.

A moda já foi cíclica e hoje se tornou um ciclo de possibilidades e responsabilidades.

A era do medo de não pertencer e da culpa de ser diferente hoje transgride o pessoal e vira coletivo quando começamos a falar de sustentabilidade social e ambiental.

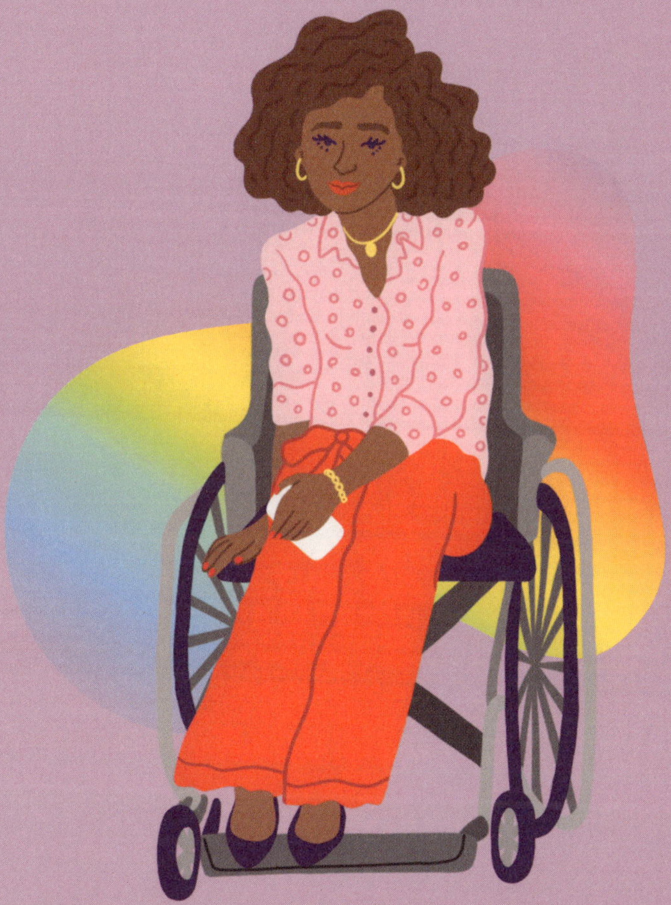

Patricia Santos
Fundadora da EmpregueAfro, consultoria
de recursos humanos focada na diversidade
étnico-racial

Diversidade agrega valor! Tanto em termos de cultura quanto em conhecimento de forma geral. E a diversidade, quando valorizada, traz mais inovação, produtividade e, consequentemente, mais lucratividade. Para profissionais que representam a diversidade, aproveite cada oportunidade que surgir na sua vida. Saiba que, hoje, você representa o diferencial. Exatamente o perfil que as empresas querem. Aposte em você, no seu autoconhecimento, na realização dos seus sonhos. Cuide-se sempre.

Ninguém vai lutar pelo que você tem de fazer por você mesma. Acredite, é possível conquistar seus sonhos.

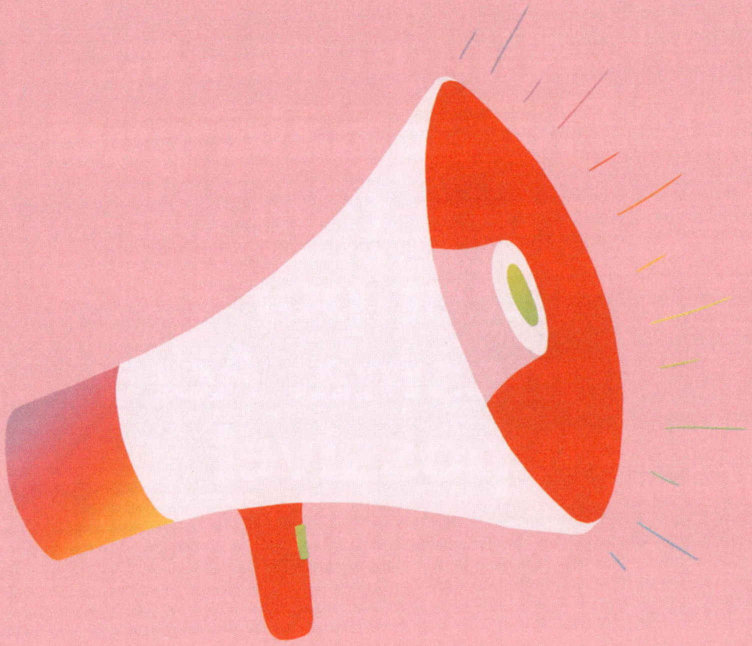

Vista a mudança que você quer ver no mundo

Agora que você já entendeu que moda é ferramenta de autoconhecimento, perceba que ela também é instrumento político e de voz. Não vestimos só roupas, vestimos nossa visão de mundo e as causas que acreditamos. Qual legado queremos deixar para as próximas gerações? Use a moda como sua voz. Desde as roupas que veste até a forma de consumi-las. Tenha curiosidade para saber quem fez suas roupas. Fortaleça o trabalho de outras mulheres, de mulheres artesãs, de artistas. Seu corpo é seu lar, e o mundo, o lar de todos nós. Cuide, ame, preocupe-se. Faça as mudanças que você quer ver no mundo. Seja referência.

Consuma menos. Recicle. Reutilize. Consuma com consciência.

Você sabia que a moda é a segunda indústria mais poluente do mundo? Você já se perguntou quem faz suas roupas e em quais condições trabalhistas? Já pensou no que acontece ao descartar uma roupa? Você precisa comprar roupas novas para ser feliz?

É urgente pensarmos em novas formas de consumo, em maneiras de reaproveitar as peças que já existem no mundo antes de elas acabarem em aterros sanitários. Isso não fará bem apenas para o planeta, mas também para você. Liberte-se do consumo. Tenha menos coisas e veja o que isso fará com sua vida. Seja uma minimalista contemporânea: isso tem menos a ver com o estilo que você escolheu usar e mais sobre o seu comportamento na hora de comprar e acumular.

Essas mudanças, mais do que necessárias, são urgentes.

Ciclo positivo

Falando em ciclo, aquele ciclo de novidades semanais que estimulavam um consumo desenfreado e nada consciente acabou. Está completamente fora de moda. Hoje, as coleções devem ser atemporais. Repita roupas. Faça suas próprias tendências. Cuide do que você tem com carinho. Lave suas roupas. Faça desse momento um momento de meditação e de autocuidado.

Você não precisa ter para ser: hoje, você simplesmente pode ser quem é. Isso tem muito mais a ver com seu estado psicológico do que com qualquer outra coisa. Então, hoje a moda mudou. A moda que você conhece não lhe serve mais. Hoje, a moda deve ser consciente e circular.

A moda que você conhece não lhe serve mais.

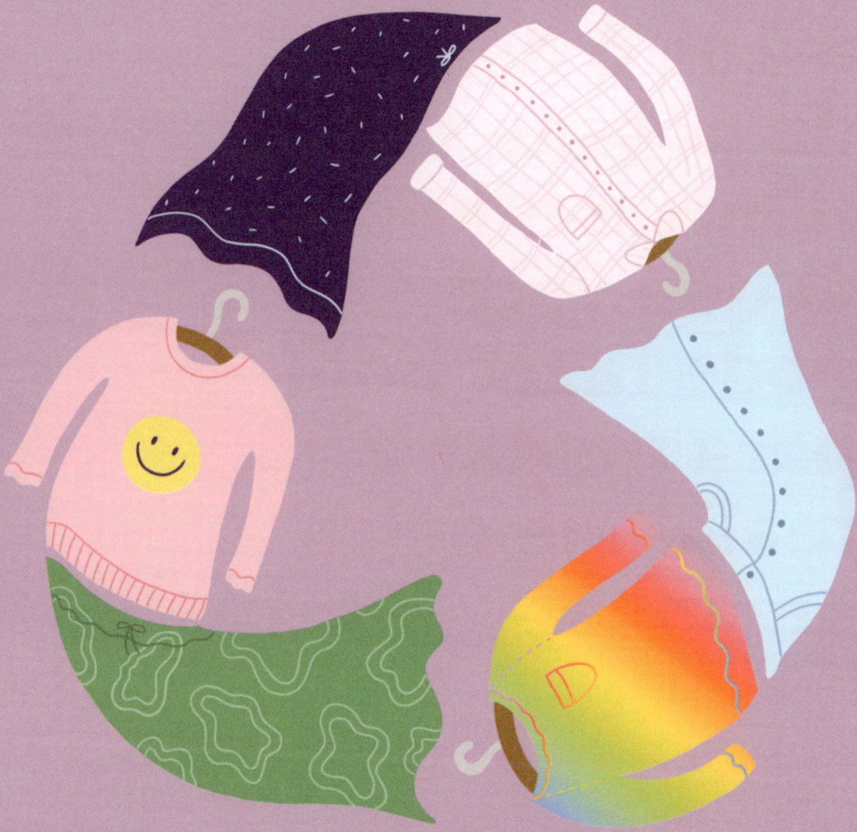

Está nas suas mãos o destino de nossas filhas e filhos. O que você pode fazer hoje para mudar a realidade deles amanhã?

Você não é o acúmulo de coisas, você é o que sobra quando tudo vai embora.

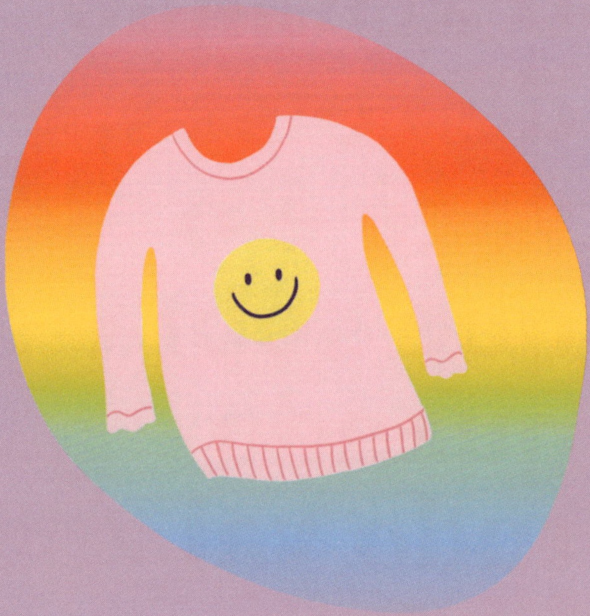

Tire as roupas tristes do armário

Um bom exercício que ajuda você e o planeta é reavaliar seu guarda-roupa. Vamos imaginar que o nosso armário é um grande reflexo da nossa vida. Roupas velhas, roupas tristes, pequenas, grandes, bagunçadas. Roupas que nunca usamos e roupas que deixamos de usar.

Livre-se de tudo aquilo que você sente que não lhe pertence mais e, com isso, as histórias tristes, os personagens velhos ou qualquer coisa que a prenda num passado que não faz mais parte de quem você é hoje e gostaria de ser amanhã. Foque na pessoa em quem você se espelha. Sabe aquela mulher que você imaginou se tornar? Sua maior potência? Pois agora é a hora de começar a dar vida a ela.

Experimente o seguinte ritual que aprendi com a Marie Kondo: segure na mão peça por peça e perceba se ela faz você sentir amor e conforto. Assimile o toque, a sensação que aquela peça de roupa lhe transmite, e decida se ela fica ou sai de sua vida. Faça isso peça por peça. Perceba se aquela roupa vai fazer você se sentir a pessoa que quer se tornar, a melhor versão de si própria. Na dúvida, experimente a roupa e se olhe no espelho. Será que faz sentido essa peça continuar com você?

Faça o mesmo com pessoas que não merecem mais fazer parte do seu círculo, objetos que sugam sua energia. Dê adeus a tudo e a todos que não devem seguir na sua história. Liberte-se.

O que fazer com as peças que vão embora

Em vez de essas peças serem descartadas sem consciência, hoje existem alternativas muito melhores para o nosso planeta.

Você pode trocar com uma amiga, procurar locais de reciclagem, doar para instituições, negociar com brechós, bazar de trocas, ou até mesmo fazer upcycling.

O upcycling é uma forma criativa de ressignificar a roupa. Você dá novo valor a uma peça que, às vezes, está com algum probleminha ou simplesmente você não gosta mais. Algumas possibilidades são tingir, aplicar artesanato, cortar, remodelar, pintar. Solte sua criatividade. Brinque! Isso é divertido e positivo. Traga aquela criança que está dentro de você.

Fazer a roupa durar mais = menos lixo no mundo. O futuro do planeta (e dos nossos filhos) agradece.

DOE.
EMPRESTE.
REUTILIZE.
TROQUE.
DEIXE IR.
ENCONTRE.
AME.

Marcella Kanner
Head de Comunicação Corporativa da Riachuelo

Trabalhar na indústria da moda, muitas vezes, significa ter sentimentos visitantes, que nos deixam após um determinado período de tempo, abrindo caminho para novas reflexões. A parceria da Riachuelo com o Free Free, no entanto, despertou sentimentos cuja permanência indica que, nessa troca, há o mais profundo dos entrelaçamentos: o do propósito.

Na Riachuelo, temos o propósito de transformar vidas por meio da moda, algo que vai de encontro com o movimento liderado por Yasmine Sterea. Ao trabalhar para apoiar a jornada de mulheres, seja emocionalmente, seja financeiramente, o movimento promove o cruzamento da moda com a liberdade de expressão e a autoestima, temas poderosos e muito presentes em nossa empresa, que atende um público predominantemente feminino e conta com uma maioria de colaboradoras mulheres.

Conhecemos o Free Free no final de 2018 e, no início de 2019, demos as mãos ao movimento, apoiando os workshops promovidos em torno de mulheres com maior exposição a situações de vulnerabilidade. Na época, estávamos iniciando um projeto de inserção de mulheres em situação de violência doméstica no mercado de trabalho, de modo que a aproximação com o Free Free foi bem natural. Depois, estivemos juntos em um projeto de upcycling, feito com comunidades de artesãs mapeadas por todo o Brasil, a partir de peças com pequenos defeitos doadas pela Riachuelo. Por fim – mas longe de estar no final –, a parceria rendeu uma colaboração criativa, que vem se desdobrando em diferentes coleções-cápsula, em que a mulher e sua liberdade são pano de fundo para que se contem diferentes histórias.

A nossa, tenho certeza, está só começando.

Temos o propósito de transformar vidas por meio da moda.

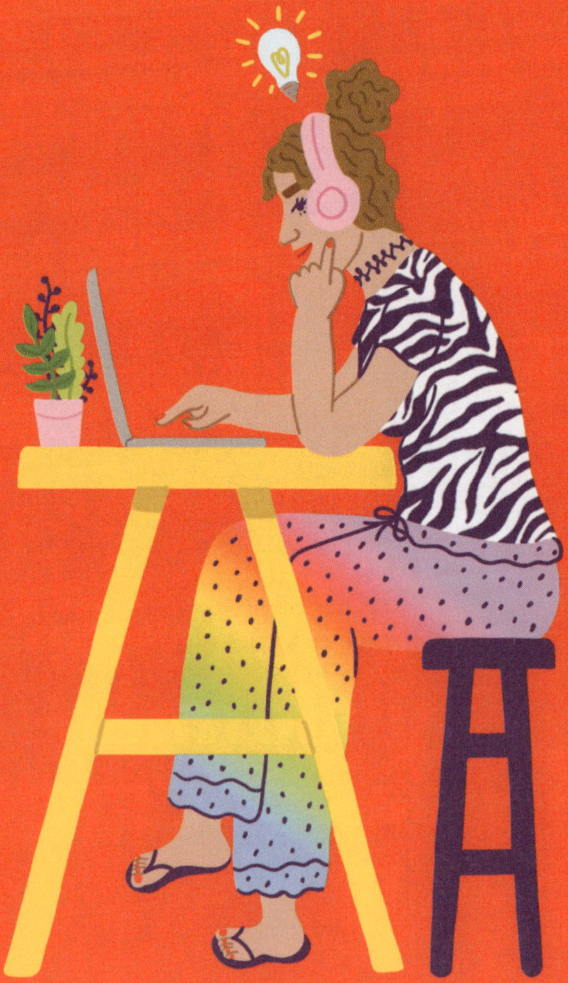

Reconexão com sua potência criativa

Agora que nos libertamos do que não nos serve mais, despertamos e passamos a nos vestir como quem somos de fato, devo reforçar que toda mulher merece viver sua potência criativa. Aquele dom que muitas mulheres deixaram de lado porque, em algum momento, alguém as fez acreditar que não tinham capacidade de chegar lá ou porque a vida as fez seguirem outros caminhos. Em algum momento, você acreditou que aquilo não era para você porque resolveu ter filhos, se casar, ou por qualquer outro motivo. Uma coisa não exclui a outra.

Sabe aquele sonho que você tinha quando era criança? Tudo aquilo em que somos boas e gostamos de fazer merece se manifestar, de alguma forma, na nossa vida. Por milhares de anos, a sociedade nos fez pensar que nós, mulheres, não podíamos ser nossa plena potência. Mas estou aqui para dizer que isso simplesmente não existe. Você pode e merece ser a melhor versão de si própria. Seu trabalho é uma forma muito especial de manifestar isso no planeta.

Esse trabalho fará diferença na sua vida, na da sua família, na da sua comunidade, e ainda no seu país e no mundo. O seu trabalho faz a diferença. Sabe por quê? Porque, se acredita em Deus ou em algo maior, você acredita que está aqui por algum motivo, por algum propósito. Deixe esse propósito se manifestar.

Encontre seu propósito

Não precisa ser algo complicado, complexo, inatingível. Tem de ser algo que ressoe com a sua alma e seu coração.

Deixe eu lhe contar uma história. Sabe por que criei o Free Free mesmo sendo uma stylist e editora de moda de sucesso? Porque eu sabia que meu grande propósito não era apenas fazer imagens lindas. Eu amo fazer isso, não me entenda mal. Mas eu tinha uma dor, e toda dor, se ressignificada com amor, pode virar um grande propósito.

Talvez um machucado possa vir a ser sua grande missão por aqui. Pensar no próximo é tão necessário quanto pensar em si mesma. Qual legado você está deixando?

O Free Free nasceu da dor da perda da minha mãe, e hoje sei que meu propósito é libertar mulheres de suas culpas, medos e vergonhas, para que a minha filha e as próximas gerações de meninas e meninos vivam um mundo mais justo, ético e sustentável, e manifestem sua potência criativa.

Ter um propósito dá sentido à vida. Dá forças para não cair quando passar por problemas e momentos difíceis. E coragem para ir atrás dos seus sonhos. Permite que você acorde com alegria porque você sabe que sua vida é importante. Você não precisa querer mudar o mundo para isso. Às vezes, um propósito que pareça simples já faz toda diferença, e ao mudar você, você acaba mudando o mundo.

Se você ainda não encontrou o seu, faça o exercício a seguir: imagine-se criança, quando tudo era possível e você podia ser quem quisesse ser. Quem você gostaria de ser naquela época? Agora imagine o porquê de você desejar ser aquilo.

Na vida adulta, não necessariamente nos tornamos aquela pessoa, mas devemos escolher profissões ou trabalhos que tenham o mesmo "porquê". O porquê de fazermos algo é mais valioso do que o que estamos fazendo. Foque no porquê.

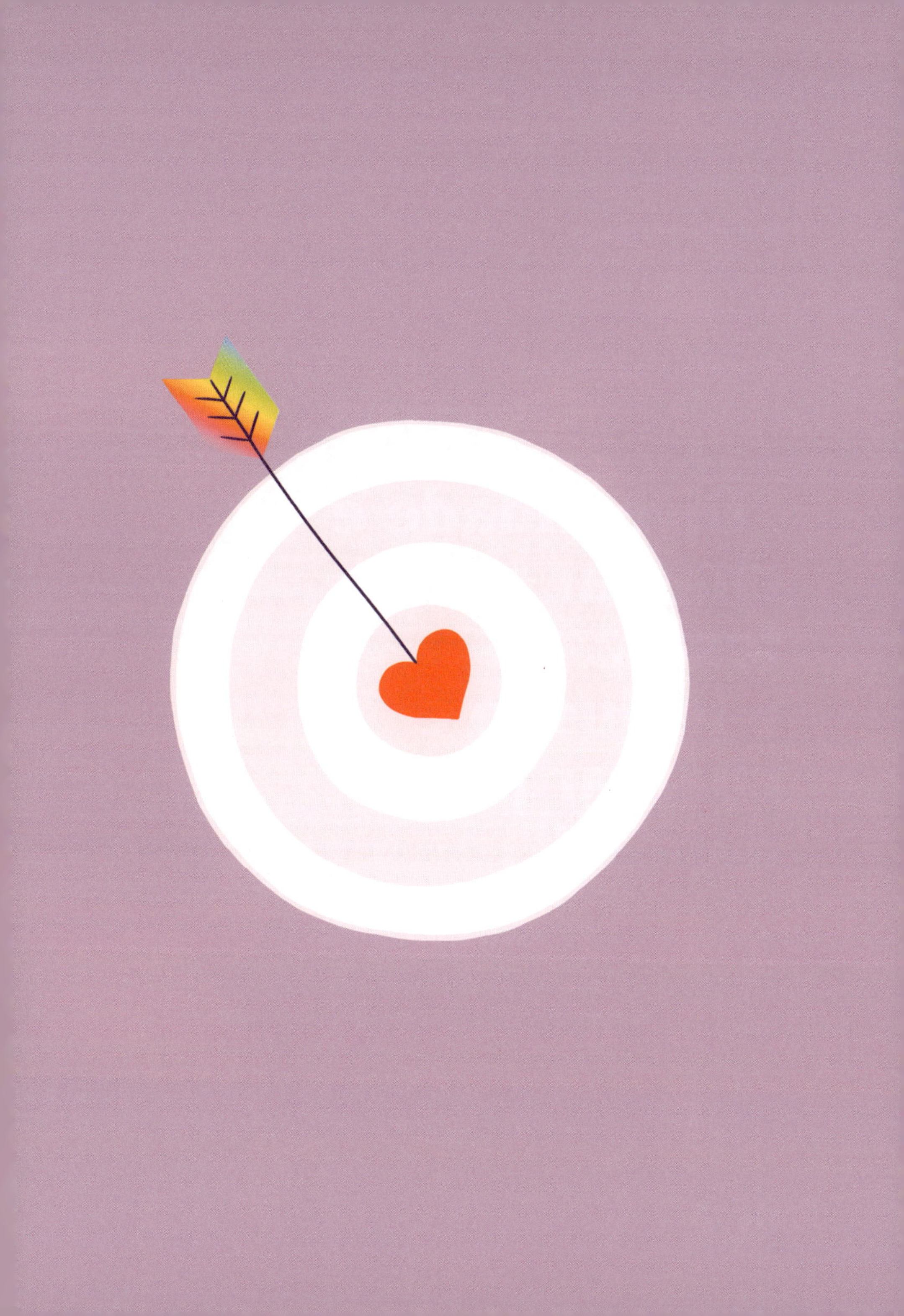

Izabelle Marques
Gestora do Programa de Moda Inclusiva da Secretaria do Estado dos Direitos das Pessoas com Deficiência de São Paulo

Certa vez, li a seguinte frase:

"Diversidade é chamar para a festa, e inclusão é chamar para dançar!".

Desde o dia em que meu celular tocou e ouvi uma fada do outro lado chamada Yasmine, eu tenho dançado a música da minha vida, a música que eu decidi dançar, cantarolar e escrever. Tenho uma má formação na medula desde que nasci, então sempre fui paraplégica, e sempre fui eu, a Belle. Mas foi daquele telefonema em diante que consegui significar externamente quem eu era e o que sentia internamente, e entendi o meu propósito: dar voz, esperança e ambição a todas as pessoas, dizer aos quatro ventos que, por mais difícil que seja, você decide a intensidade. Obrigada, Free Free, por me descobrir, sempre serei seu par!

É na vulnerabilidade que nos conectamos com nossa potência

Fomos ensinadas, desde sempre, que mostrar nossas vulnerabilidades era sinal de fraqueza. Mas é só quando nos abrimos para viver que a mágica da vida acontece. Não tenha vergonha da sua história. Ela a fez chegar até aqui. E os próximos capítulos da sua vida estão na sua mão, de mais ninguém.

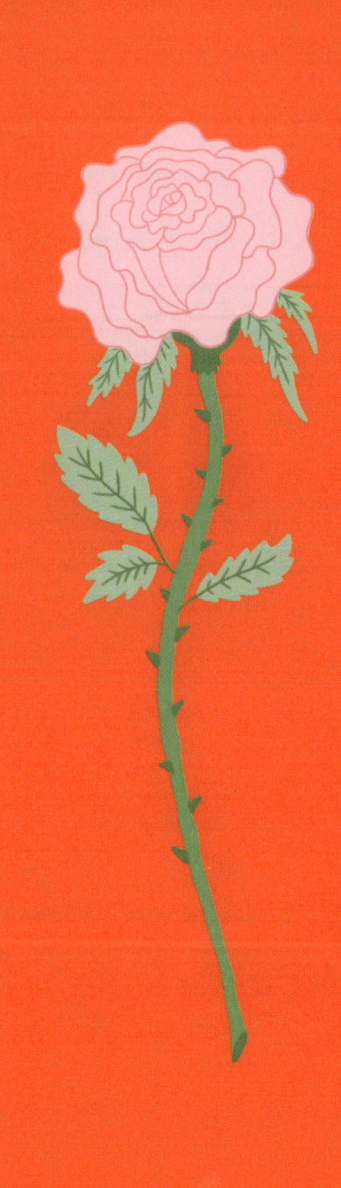

Boss Lady

♥ LIKES

O que é sucesso para você?

Agora que você já encontrou seu propósito, é importante falarmos sobre o que é sucesso. Nunca medi meu sucesso apenas por quanto eu ganhava. Eu media meu sucesso pelo impacto que o meu trabalho tinha na vida dos outros. Por isso, resolvi criar o Free Free. Eu tinha sucesso material e reconhecimento sendo stylist, mas queria fazer alguma coisa que transformasse a vida dos outros de forma mais profunda do que estava fazendo naquele momento. Então, por mais que ganhasse muito dinheiro, eu me sentia vazia e infeliz.

Quando engravidei da Violeta, passei por um dos momentos mais doloridos da minha vida. Tive de lidar com a dor da perda da minha mãe – encará-la pela primeira vez, já que eu não tinha feito isso anos antes. Eu não queria que minha filha sentisse aquela dor. Eu não queria que nenhuma outra menina sentisse aquela dor. O mito da mulher perfeita leva mulheres à loucura. Do meu momento de maior sofrimento, surgiu a minha melhor ideia. Fui ao fundo do poço, mas ali encontrei a metodologia Free Free, encontrei uma forma de usar a moda para libertar mulheres de culpa, medo e vergonha, para que elas pudessem, sim, viver sua potência criativa e ser livres.

Sucesso, para mim, foi quando ministrei meu primeiro workshop com o núcleo de gênero do Ministério Público e vi que ali transformei a vida de um grupo de mulheres vítimas de violência doméstica. Mulheres que tinham anulado sua identidade para sobreviver. Mulheres que tinham perdido o controle de suas vidas. Ali, elas se reconectaram com a real potência e beleza que havia dentro delas. Ali me senti uma mulher de sucesso.

Abrace suas frustrações

Vou contar uma história que talvez possa ajudar você a ver suas frustrações como a grande oportunidade de mudança positiva em sua vida. Durante todos esses anos em que trabalho com moda, nunca me conformei com muitas coisas que a indústria tentava me fazer acreditar.

Sempre odiei regras, etiqueta e tendências. Nunca entendi a razão de ter de fazer o styling de tal jeito porque aquela era a regra. Sempre amei moda porque a roupa é uma infinita forma de o ser humano se criar e se recriar. A roupa, a maquiagem, o perfume permitem inúmeras possibilidades de se potencializar. De ser quem você quiser ser. E, com as imagens que eu criava, gostava de evidenciar isso. Eu vestia a roupa de cabeça para baixo, usava sapatos invertidos, empilhava uma roupa em cima de outra. Eu vestia roupas descombinadas de propósito. Questionava o status quo. Encarava a roupa como um veículo de expressão e criação, e o corpo como um lugar onde tudo era possível ser criado. Afinal, o que é beleza? O que é certo e o que é errado? Quem criou essas regras?

Mas moda é um mercado, fui aplaudida por muitos e criticada por outros quando criava imagens consideradas estranhas ou fora do padrão. Certa vez, fiz um clipe pelo qual, por ser extremamente fora da caixa e diferente, fui criticada por milhões de pessoas. Por mais que eu também tivesse recebido grandes elogios, a crítica fez-me sentir uma bruxa em praça pública.

E sabe por que isso aconteceu?

Porque geramos uma emoção forte – a ira, talvez? Ativamos um possível complexo de nos sentirmos inferiores, o tão falado complexo de vira-lata, presente no Brasil e em países ainda em desenvolvimento, já que fomos condicionados a negar a nossa arte e forma de expressão e aplaudir o que vinha de fora. De todo modo, geramos uma emoção com aquilo que talvez possa não ter sido necessariamente confortável. Mas produzimos impacto.

Sempre fui mais interessada no impacto e na transformação que eu gerava do que em agradar a todos, mais em incluir do que em excluir. Eu me interesso mais em criar algo novo, em despertar a criatividade, em questionar regras e padrões do que necessariamente gerar conforto. E só o que é confortável e comum agrada a todo mundo. Tudo que sai da zona de conforto gera questionamentos. É triste ver que nós, brasileiros, ainda somos condicionados a criticar o que é nosso e por isso temos tanto medo do novo, do criativo. Em muitos casos esperamos a validação externa para o que já fazemos aqui tão bem. Vamos mudar isso com urgência. Essa forma de pensar tolhe a nossa potência de criar algo novo e o impacto que podemos ter no mundo. Somos um dos países mais criativos que já conheci. Temos de libertar nossa vergonha.

E a moda que eu conhecia e vivia aqui não fazia isso. O conceito esperado da moda padronizava, julgava, excluía. Ditava o que era belo e o que não era. Punha as pessoas em caixinhas, fosse pela cor da sua pele, tamanho, idade, etnia. Aquela moda não era a minha moda.

Só que se eu não tivesse sido criticada nacionalmente, não entenderia que estava tentando mostrar isso no lugar errado. Foi depois dessa profunda frustração que resolvi, afinal, ter coragem de lançar o Free Free, essa metodologia que virou uma ideia, um movimento, uma plataforma, e que hoje também é um instituto que impacta a vida de milhares de mulheres, liberta, acolhe.

Hoje sou grata por ter vivenciado esses níveis de dor e frustração porque só assim tive a força que precisei para chegar aqui.

E você? Há algo que a frustra, mas que pode ser mudado? Essa frustração pode ser a pista para seu propósito e seu sucesso. Será que o trabalho que você faz hoje condiz com a sua potência?

Não tenha medo de mudar. Não tenha medo de usar sua criatividade. Ela é seu maior asset em tempos que mudam com tanta velocidade. Confie na sua intuição. Não tenha medo de ser diferente.

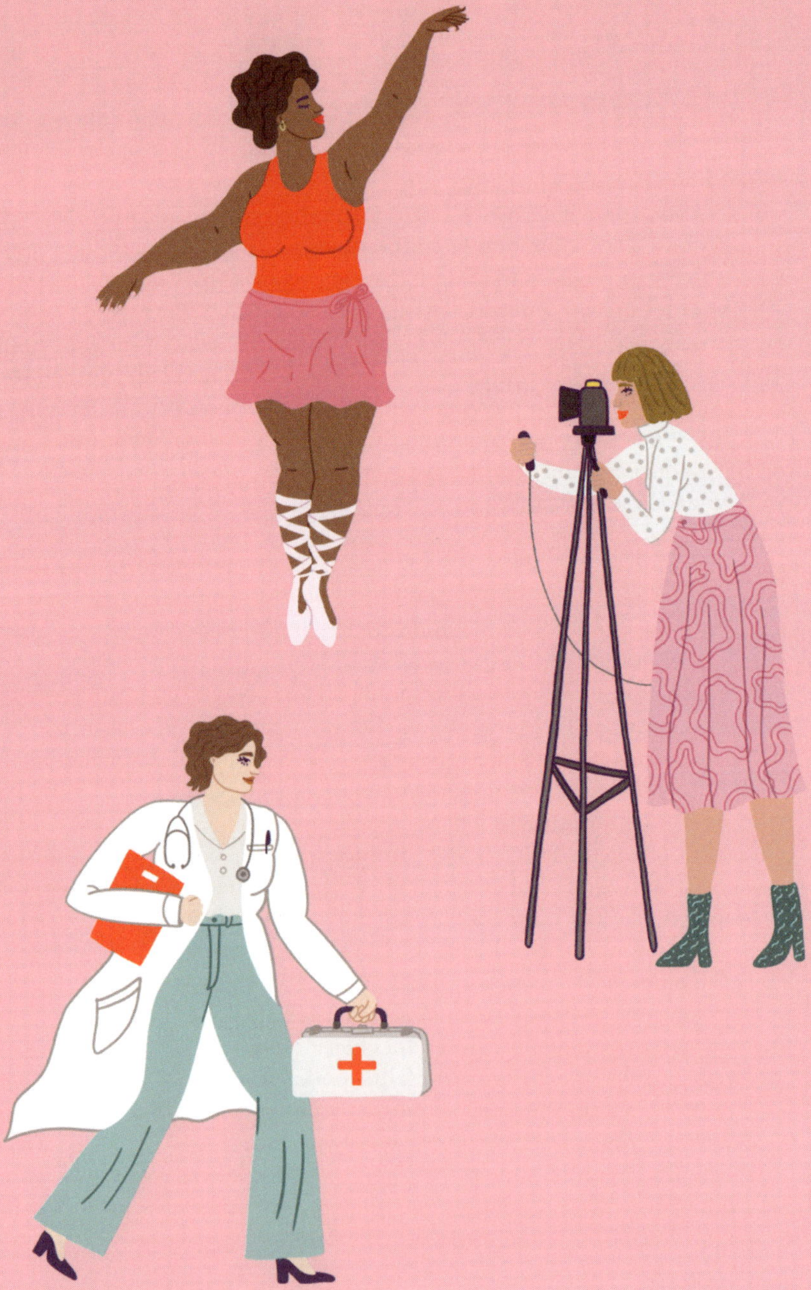

Trabalhe com algo em que acredite

Trabalhar com o que você ama é fundamental, mas, mais do que amar alguma coisa, você tem de acreditar naquilo que está fazendo ou construindo. Todo trabalho é honroso. Seja catando lixo na rua, sendo dona de casa, cuidando dos filhos, liderando uma conferência numa multinacional ou presidindo um país, dedique ao que quer que seja simplesmente por acreditar estar fazendo a diferença.

No meu caso, sempre tive alma de empreendedora. Sempre gostei de mudar, de criar coisas diferentes, de me superar. Nunca tive medo de trabalhar duro. Eu tinha muito mais medo de não construir algo relevante para o mundo do que de trabalhar mais de 14 horas por dia e passar noites sem dormir. Eu queria mesmo era conseguir manifestar o meu potencial absoluto. Minha mãe me ensinou a importância de a mulher trabalhar. E hoje o trabalho me libertou do mito da mulher perfeita.

TO-DO

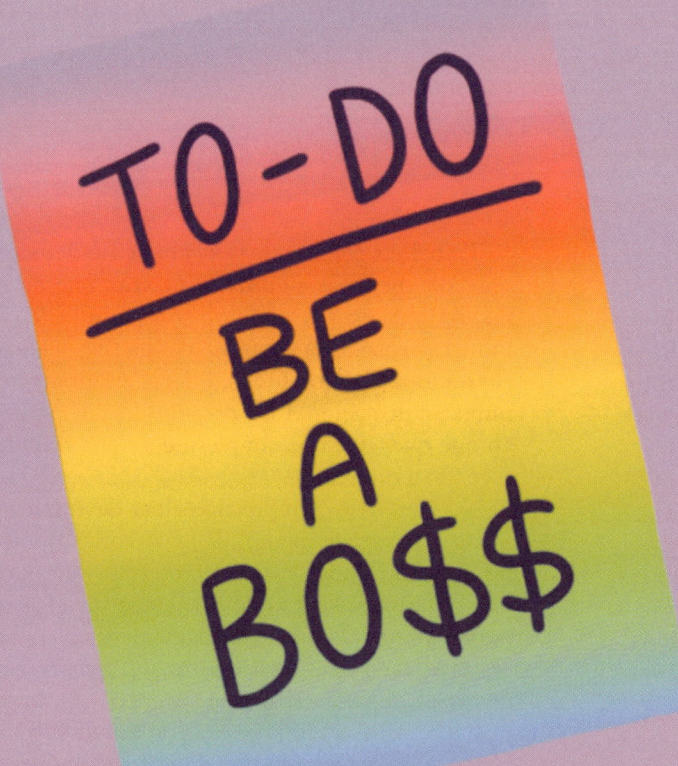

BE A BO$$

Sobre empreender

Empreender pode parecer lindo, mas não é fácil. É preciso vontade para fazê-lo bem, mas saiba que você terá de trabalhar o dobro do que trabalha hoje, que terá de lidar com fracassos, rejeições, problemas. Mas saiba também que todo esse esforço vale a pena. Que toda vez que receber um não, poderá aprender com ele, que toda vez que fracassar, poderá ser uma oportunidade de crescimento.

O mais importante quando resolver abrir seu negócio é pensar: qual dor estou resolvendo no mundo? No que o meu trabalho e o meu negócio estão melhorando a vida de alguém?

Saiba que a dor que você sente, muitas outras pessoas devem sentir também. Se você souber solucionar a sua dor, ela poderá, com frequência, servir igualmente como solução para outras pessoas.

Ana Fontes
Fundadora da Rede Mulher Empreendedora

Familiares, amigos, professores tentam adivinhar o que uma criança vai ser quando crescer, qual vai ser o papel dela na sociedade, se vai casar, ter filhos, se vai perpetuar a profissão dos pais, se vai ser viajante, entre muitas outras possibilidades. As comparações estimulam a competição, uma jornada que, muitas vezes, é individualista demais e uma visão limitante do mundo dos negócios. A divisão entre o que é para homem e o que é para mulher são afirmações que, na minha opinião, devem ser erradicadas.

Como eu sempre falo: lugar de mulher é onde ela quiser. Quantas vezes você já ouviu falarem a uma criança para ela ser o que quiser? Você mesma já falou isso para alguma do seu convívio? E quantas vezes foi apresentada a possibilidade de empreender?

Os conselhos que eu dou são:

» Estude o máximo que você conseguir! Dentro das suas possibilidades, adquira conhecimento, ouça notícias, olhe à sua volta, identifique problemas e, mesmo que internamente, proponha soluções. É um exercício bacana caso a vida de empreendedora vingue. E tudo bem se não for para frente. As tentativas também são importantes e ensinam muito.

» Eu desejo que você tenha autoconfiança. Na minha jornada, muitas vezes fiz as coisas com medo, mas sabendo que, no fim, traria algo para minha vida e da minha família. Muitas tentativas deram certo, outras nem tanto, mas eu segui, dentro do que eu conseguia.

» Outra dica é: conheça pessoas e o que elas fazem! Saber das histórias que deram certo e das que deram errado pode lhe poupar erros e render boas parcerias! Nós, aqui na Rede Mulher Empreendedora,

Como eu sempre falo: lugar de mulher é onde ela quiser

temos vários eventos para estimular justamente isso. Um deles é o Café com Empreendedoras, que está na 83ª edição em São Paulo.
» Saber delegar é essencial! Não há necessidade de você fazer tudo sozinha. Tenha pessoas nas quais você confie, que sejam competentes e profissionais para ajudá-la a dar conta de tudo.
» Comemore suas conquistas. A vida de empreendedora não é fácil, por isso, considero importante aquela pausa para falar: eu consegui! Nós conseguimos!

A você, mulher, que queira abrir um negócio, quero lhe falar que é possível! Fácil, nunca vai ser. Mas eu desejo que você permaneça em movimento e não desista na primeira adversidade. As coisas na nossa vida não acontecem do dia para noite, e eu nem acho que é a melhor forma de acontecer. Desejo que sua jornada seja feita de forma ética e em conexão com outras mulheres que estão no mesmo caminho, buscando melhorar suas vidas e a de todos à sua volta.

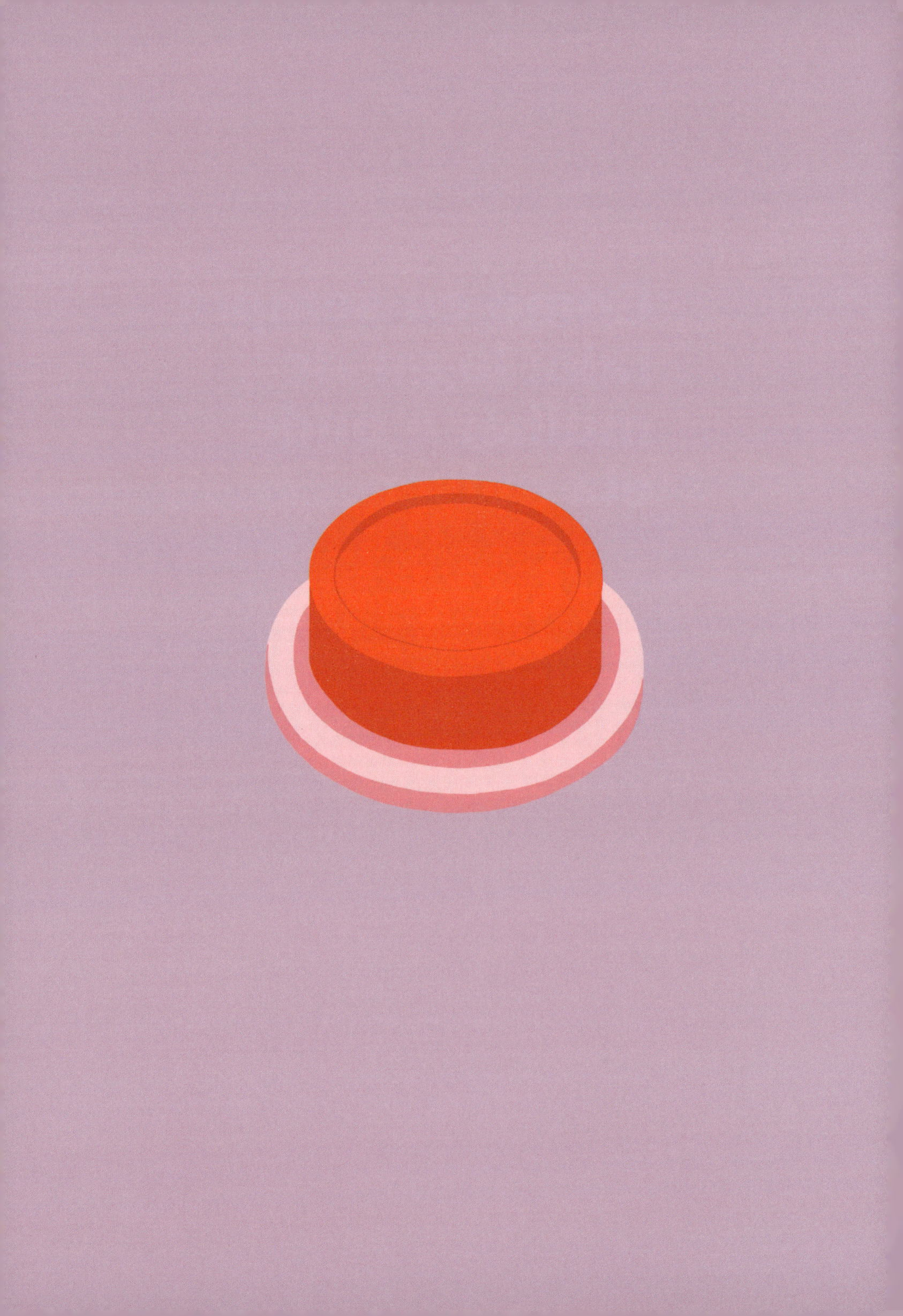

Isso pode estar te paralisando

Existem três medos muito comuns na hora de abrirmos um negócio ou de corrermos atrás de um sonho: medo de falhar, medo do sucesso (por achar que não merece) e medo de ser rejeitada.

Mas lembre que, do outro lado do medo, está a coragem. Que o medo nada mais é do que uma dor que pode ser usada como seu melhor amigo.

Sempre que sentir esses medos, imagine-se anos lá frente, quando estiver prestes a morrer. Agora imagine que você simplesmente não abriu aquele negócio ou não foi atrás de algum sonho. Imagine a sua vida estagnada, sem sentido. Imagine-se olhando para trás e vendo que não fez nada do que poderia ter feito.

Enquanto não sentir que não fazer é mais doloroso do que fazer, você não terá forças suficientes para seguir em frente. Para se esforçar como você deveria se esforçar. Para não desistir no primeiro percalço.

Sair da zona de conforto não é fácil. Dói. Dá trabalho. Seu cérebro vai querer evitar essa dor a qualquer custo. Seu cérebro faz tudo para evitar o seu sofrimento. Como você estará fazendo algo novo, diferente e desconhecido, é natural seu cérebro querer protegê-la. Ele está fazendo seu papel.

Agora faça o seu. Siga em frente. Enquanto estiver dentro da sua zona de conforto, significa que você não está evoluindo, não está crescendo, não está atingindo seu potencial. O ser humano precisa se movimentar. Precisa crescer. Quem fica parado morre por dentro. Perde-se no vazio.

Seja um exemplo

Você tem muito a dar para o mundo. Você merece fazer sua vida neste mundo a mais significativa possível.

Você é a mulher que pode mudar a vida de outras mulheres (pessoas). Seja proativa. Não espere. Você pode ser exemplo.

Siga seus sonhos, mesmo que o caminho não seja um mar de rosas. As pessoas mais bem-sucedidas do mundo foram as que mais fracassaram. Porque foram as que mais tentaram. Só que elas não se abateram com os fracassos, agiram rápido e mudaram de estratégia.

Foque no que você tem de bom, foque no que pode fazer pelos outros, foque em fazer acontecer. Não foque em seus medos e fracassos.

Quando for abrir o seu negócio ou seguir um sonho, pense no seguinte:

1 - Qual a dor que você associa para fazer esse sonho acontecer?
2 - Qual prazer você ganha ao realizá-lo?
3 - O que vai lhe custar caso não o realize?

Faça o seu corpo inteiro, física e emocionalmente, perceber que aquilo é, sim, o melhor para você. Caso contrário, você vai sentir vontade de desistir no primeiro percalço que encontrar no caminho.

Não se sabote!

Se, ao começar a ter sucesso, você passa a se sabotar, é porque acredita não ser merecedora daquilo.

Você merece. Escreva aqui os motivos pelos quais acredita não ser merecedora desse sucesso e, em seguida, também registre os motivos pelos quais merece, sim, fazer aquilo acontecer.

_____

_____

_____

_____

_____

_____

_____

Crie objetivos e seja consistente

Para chegar à realização de qualquer sonho, é preciso ter um propósito claro, criar metas e segui-las. Não há poção mágica. Mas, antes disso, você precisa saber o que realmente quer da sua vida. Clareza é a chave do sucesso. A dúvida paralisa.

Criar uma meta com um propósito claro é tão poderoso quanto, literalmente, criar o futuro que você almeja. Transforma o rumo da nossa vida. Direciona.

Foque mais em fazer acontecer do que na forma como fará acontecer. Se estiver motivada o bastante, você encontrará o caminho. Quando resolvi criar o Free Free, eu não tinha ideia de como o faria acontecer. Tentei vários formatos e não o lancei. Por um tempo, cheguei até a desistir dele. Mas o meu propósito era mais forte que eu. Era quase um chamado. Na hora em que decidi realizá-lo, de verdade e de coração, tudo começou a fazer sentido. Foquei no resultado e o caminho se revelou.

Não foque em como vai fazer acontecer. Isso pode assustá-la. Travá-la. Foque em aonde quer chegar e no porquê.

Mesmo que pareça impossível, será possível se você acreditar. Você só precisa ter fé! Lembra que falamos disso no começo do livro? Tenha fé em você, no universo, em algo maior. Se não acreditar em você, quem irá acreditar?

Quando você tem objetivos, é capaz de direcionar sua vida para onde quiser. Você vira uma realizadora. Sua vida é do tamanho da sua criatividade. Abra a sua mente. Não tenha medo de ser diferente.

Saber o porquê de querer aquilo é ainda mais importante do que a meta em si. Com o Free Free, por exemplo, o que me deu forças foi a certeza de não querer que minha filha vivesse mais num mundo no qual mulheres ainda acreditassem não poder ser quem elas quisessem ser, num mundo com tanta desigualdade, num mundo com tanta violência. Então, toda vez que senti vontade de desistir, lembrava o motivo de estar fazendo aquilo e, assim, tive forças para seguir.

Quando você cria uma meta, percebe que quer algo diferente para sua vida. Que não está satisfeita com a sua vida atual. A insatisfação a faz ter força para mudar.

Pressão é importante para sua mudança. Suas metas devem gerar a pressão necessária para você se sentir desconfortável a ponto de ser mais dolorido não mudar do que mudar – mesmo que isso signifique se comprometer com algo publicamente. Assim, você se sente pressionada a fazer e acaba fazendo de fato.

Quando lancei o Free Free, eu não sabia como conseguiria finalizar a primeira etapa do projeto. Mas eu sabia que, de alguma forma, eu iria fazer aquilo dar certo. E deu.

Crie um plano para fazer seu sonho acontecer agora:

1 - Descubra qual é o seu sonho.
2 - O porquê.
3 - Trace um plano e dê o primeiro passo.

O sucesso deixa pistas

Se você quer ser uma florista de sucesso, estude a melhor florista. Se quer trabalhar com inteligência artificial, busque quem já atua com isso. Se quer ser a melhor CEO, estude a CEO que mais a inspira. Essas pessoas podem virar seus grandes mentores. Não perca tempo cometendo os mesmos erros que elas cometeram. O sucesso deixa pistas. Hoje, com a internet, com os tutoriais e as mídias sociais, tudo fica mais fácil. A sua curiosidade e a força de vontade ditarão quão rápido você chegará lá.

E o mais importante: não tenha medo de pedir ajuda.

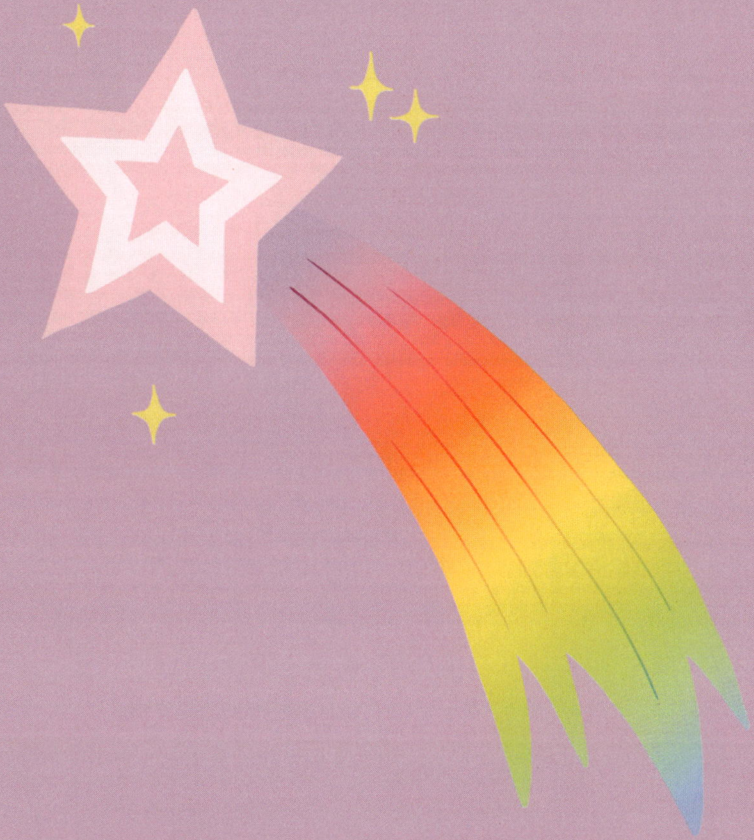

Viviane Duarte
CEO Plano Feminino, Instituto Plano de Menina e CO-CEO Plano Free Free

Quando eu era uma menina e morava num cortiço na Freguesia do Ó, sonhava em ser jornalista. Era a piada do bairro. Ninguém acreditava que seria possível. Como uma menina periférica faria faculdade e trabalharia na TV ou nas revistas femininas que ela vivia carregando nos braços? Diziam eles. Mas sabe o que eu aprendi a fazer desde cedo? Tapar os ouvidos para os pessimistas. Eu aprendi a olhar para o espelho e me validar. Todos os dias. Eu dizia para mim mesma: vamos conseguir e vamos fazer muitas matérias legais e conhecer muitas mulheres maravilhosas. Vamos contar muitas histórias. Eu me dediquei muito. Nascer sem privilégios faz você ter de lutar dez vezes mais. É exaustivo. Mas focar no seu plano é essencial para realizá-los. Eu fiz isso e consegui. Me tornei jornalista, estudei mais ainda e trabalhei em TV, nas melhores empresas que pude e sou colunista da revista que mais amava ler quando era menina. Hoje eu sou dona de minha própria agência de comunicação e trabalho para que a propaganda tenha mulheres com a nossa cara nas campanhas. Mulheres de cores e corpos diversos. De todo canto. E sou fundadora de um Instituto, o Plano de Menina, que agora faz parte da primeira holding de impacto real de meninas e mulheres do Brasil, criada por mim e por esta mulher incrível que é a Yasmine: a Plano Free Free. E vamos juntas levar a transformação para mais e mais meninas e mulheres para que cada uma seja dona de suas histórias e acreditem em seus planos. Se tem algo que posso te dizer hoje é:

Acredite na potência que tem aí dentro de você, crie uma rede de cúmplices de seus planos, tire os pessimistas da sua vida e avance.

Você vai ser a mulher que sonha ser. Eu confio em você. Confie também e avante!

Estereótipos que paralisam

Enquanto acreditar nos estereótipos de que uma mulher não pode ser bem-sucedida e ter uma família feliz, você não atingirá sua potência. Enquanto acreditar que dinheiro não é coisa de mulher, você não atingirá sua potência. Enquanto acreditar que mulher nasceu para ser mãe e que uma boa mãe não trabalha, você não atingirá sua potência.

O trabalho é uma opção ou necessidade sua, mas acredito que ele é, para mim, a manifestação da minha potência. Talvez para você seja outra coisa. Pessoas têm opiniões diferentes, e eu respeito a sua. Só não quero que você deixe de fazer qualquer coisa por acreditar que isso não é para você.

A mulher pode, sim, ser bem-sucedida no trabalho e ter um relacionamento saudável. A mulher pode, sim, ser uma boa mãe e ter tempo para ela mesma. Uma mulher pode ser o que ela quiser. Uma coisa não exclui a outra. Enquanto acreditar que o seu sucesso profissional é o que a leva ao fracasso na família, você não terá sucesso, nem no trabalho, nem na família.

A mulher que não se preenche está tolhendo seu potencial e isso afeta todas as áreas de sua vida.

Esses estereótipos vêm desde a nossa infância, quando assistíamos a desenhos e filmes cujo desfecho era o "e foram felizes para sempre", quando a mulher se casava com o príncipe encantado.

A noção de "felizes para sempre" é quando você começa a amar quem você é e consegue amar os outros. É quando você se ama tanto que isso transborda para sua família, seus amigos, para um trabalho que muda a vida de outras pessoas.

Desde criança, chamamos as meninas de princesas e ressaltamos a beleza delas. Os meninos, por outro lado, chamamos de corajosos, fortes, inteligentes. O que você acha que isso provoca na construção emocional dessas crianças?

A partir do momento que comecei a chamar minha filha de corajosa, ela começou a querer testar novas atividades enquanto estava brincando. "Mamãe, olha esse pulo que aprendi!", "Mamãe, olha como sou corajosa, acabei de achar um sapo." Dessa forma, estimulamos nossos filhos a atingir seu potencial no futuro.

Ter sucesso é para meninas e meninos. Ser sensível é para meninos e meninas.

Ezra Geld
CEO da J. Walter Thompson Brasil

Conheci a Yasmine e o trabalho do Free Free, e deu match imediato. Sou um homem gay, casado e com filhos, e a liberdade feminina (e a liberdade em geral) é um tema cuja importância só cresceu no decorrer da minha vida.

Quando casei, eu me dei conta do quanto nossa liberdade é tolhida por "expectativas sociais". No meu casamento, as tarefas domésticas são distribuídas ao cônjuge mais adequado para o momento. Já muitos casais héteros dividem as suas tarefas-base de acordo com a expectativa social (mulheres ao super, homens ao Excel, por exemplo).

Fiquei ainda mais sensível ao tema quando tive filhos (um casal). Noto, a cada dia, que meninas e meninos são sujeitos a expectativas sociais que já deturpam o entendimento deles do que é liberdade – que dirá sua capacidade de algum dia vivê-la.

Não se trata de um desafio feminino. As meninas só serão livres se começarmos a tratar isso como um problema da sociedade como um todo. Feliz de estar junto ao Free Free nesta empreitada.

Não se trata de um desafio feminino. As meninas só serão livres se começarmos a tratar isso como um problema da sociedade como um todo. Feliz de estar junto ao Free Free nesta empreitada.

Não tenha medo do seu sucesso! O seu sucesso faz o mundo ser melhor

O fato de a mulher trabalhar não é só uma questão moral e pessoal. Você sabia que quando a mulher trabalha, a economia do país cresce? A ideia de que a mulher no mercado de trabalho representa um "ataque" aos homens é tão antiga quanto ruim para a economia do país.

Aqui vão alguns dados interessantes de um artigo da NBC News[2]:

---

[2] <https://www.nbcnews.com/know-your-value/feature/how-gender-equality-growth-engine-global-economy-ncna963591>.

1 - **Se os Estados Unidos contratarem e promoverem mulheres na mesma proporção que países como a Noruega, a economia poderá crescer 8%**
(S&P Global);

2 - **Em todo o mundo, empresas com diversidade de gênero são 15% mais propensas a um maior faturamento em relação a seus concorrentes**
(McKinsey & Company);

3 - **Se adicionarmos mais mulheres à força de trabalho, o PIB global pode subir 26%**
(McKinsey Global Institute);

4 - **Somente na Índia, as mulheres poderiam aumentar a economia em até 60%**
(McKinsey Global Institute).

Então, pare agora mesmo de pensar que seu trabalho não tem valor. Ele tem muito mais valor do que você imagina. Não só para você, mas para sua família e para a economia do seu país.

O mundo é melhor quando homens e mulheres têm as mesmas oportunidades de trabalho e as mesmas oportunidades na família. A liberdade de uma mulher não ameaça um homem. Ser a favor dos direitos da mulher não significa ser contra os homens. Não significa odiar os homens. A sociedade precisa trabalhar unida para o bem de todas e todos. Ao levantar uma mulher, você levanta um país. Mudamos o mundo juntos.

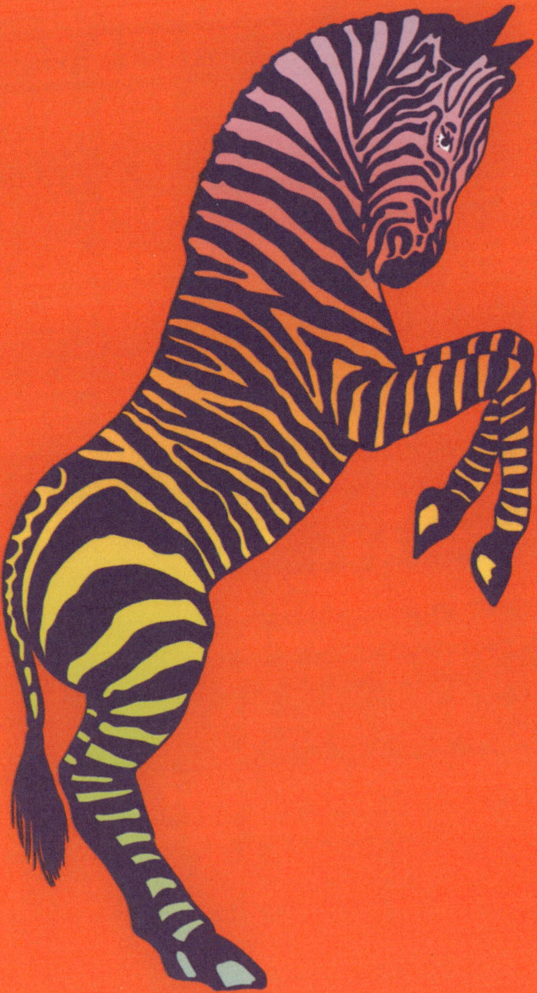

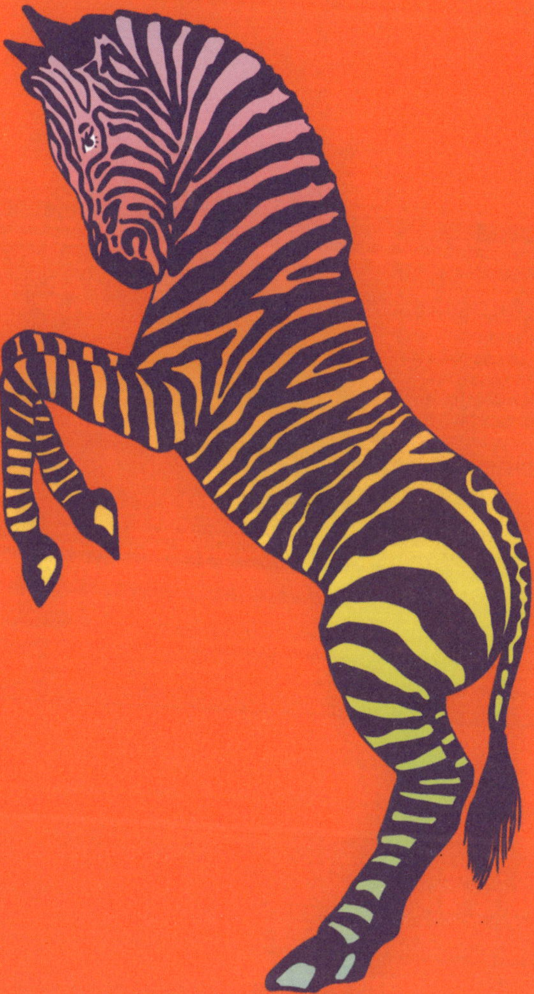

Zebra Zebra

Desde que comecei o Free Free, eu me abri para um novo mundo. Um mundo no qual conheci tantas mulheres engajadas em iniciativas verdadeiramente incríveis. Mulheres que trabalhavam com propósito, ambição, garra, sabedoria, fazendo a diferença na vida de outras mulheres, na sociedade, e ainda ganhando dinheiro. Sim, trabalhar com propósito e construir um negócio de impacto positivo bem-sucedido é possível. O movimento Zebra Unite, formado pelas americanas Mara Zepeda, Aniyia Williams, Astrid Scholz e Jennifer Brandel, está aí para nos provar isso. Essas mulheres estão transformando o universo das startups na busca por negócios mais colaborativos e éticos, sem a agressividade masculina que ignora a inteligência emocional. As zebras consertam o que os unicórnios destroem. A figura agressiva do empreendedor "pé na porta", o chamado unicórnio, deu lugar à energia feminina das zebras. As mulheres trouxeram a questão humana para a tecnologia, levando verdade, coração e realidade. Afinal, unicórnios não existem! Esse movimento é tão inspirador que me fez criar o Zebra Zebra, uma nova iniciativa do Free Free para fortalecer e mostrar o trabalho de mulheres que estão inovando e liderando negócios bem-sucedidos, e ainda fazendo a diferença no mundo. E foi justamente quando eu estava gravando o primeiro projeto com a Camila Achutti, programadora e CEO da Mastertech, que conheci o movimento. Por isso, digo e repito: mulheres que andam juntas são ainda mais fortes. E levantar outras mulheres é parte relevante do meu propósito. Por isso, não encare mais as mulheres como a sua concorrência, e sim como suas aliadas.

Sororidade é a palavra de ordem para o seu sucesso e o de todas nós, mulheres.
O seu trabalho importa. Suas ideias importam. Sua voz importa. Seja uma mulher que transforma. Deu Zebra, sim! E elas estão vindo para levantar outras mulheres também.

Camila Achutti
Programadora e CEO da Mastertech

Meu conselho é: brigue mais. Você e a tecnologia precisam ser aliadas de qualquer jeito. Vamos! Pare de terceirizar o destino do mundo para os meninos brancos do Vale do Silício. Adoro o Bill, o Pedro, o Mark, mas eles não sabem nada da nossa vida.

Esqueci uma coisa. Nada vai mudar do dia para a noite e, mesmo que mude, quando tudo isso acontecer, é possível que ele, o próprio jogo, também tenha mudado. Mundo digital é assim. Tecnologia é quase tudo neste século XXI. Você mesma deve ter uns quatro ou cinco dispositivos ao seu redor neste momento. Então, de uma vez por todas: você já é uma mulher na tecnologia. Você só precisa reconhecer e pôr intenção nisso.

Não espere por ninguém, não peça conselhos. A questão é a seguinte: não é sobre mulher em tecnologia, vai muito além disso. No fundo, no fundo, bem no fundo, é sobre sempre dizerem o que você pode ou não pode fazer. O que você pode ou não pode ser. O que você pode ou não pode ter.

Então, faça o seguinte: não ouça, desobedeça e faça o que você quiser. Não tem mais isso de OU uma coisa, OU outra. Não quero mais saber se você é de exatas, humanas ou biológicas. Acabou. Não importa mais, você vai precisar entender, aplicar e criar tecnologia.

Mas faça direito. Não faça pensando no futuro. Faça pensando no próximo passo, assim, quando você menos esperar, já é o futuro. É sobre fazer. Coma livros, abra as coisas, desmonte e remonte, entenda de história, proteste contra tudo o que parecer desigual. Se alguém tentar calar você no grito, devolva com argumentos. Se continuarem tentando calar você no grito, grite mais alto. Use e abuse de tecnologia.

Amanhã, quando você acordar, esqueça tudo o que não seja real e pragmático. É claro que há desigualdade, é claro que a sociedade ainda é estruturada para homens, tudo isso é claro, como também é claro que tudo isso é um sistema. Olha aí a tecnologia de novo. Se você quer combater um sistema, reescreva seu código. Amanhã cedo você vai acordar e vai "codar" o seu próprio sistema. Ok?!

Somos fortes. Somos netas de Ada Lovelace, filhas de Grace Hopper e irmãs de Katie Bouman. Basta decidir que ter as rédeas desse futuro é para você. Coloque sua maior aliada nessa, a tecnologia, debaixo do braço e vá resolver os problemas do mundo que ainda não estão sendo resolvidos.

Não ouça, desobedeça e faça o que você quiser. Se você quer combater um sistema, reescreva seu código.

EU
DECIDO
EU
DECIDO
EU
DECIDO
EU

Crie um novo significado para as coisas

O significado que você dá para as coisas pode fazê-la chegar aos resultados que quer ou prendê-la em uma realidade na qual você se colocou sem sequer perceber. Por achar simplesmente que era normal, você criou uma vida para si sem se questionar se era aquilo que efetivamente queria.

Talvez você queira ser uma dona de casa, talvez não. Talvez queira ser mãe, talvez não. Talvez já tenha pensado em ser uma astronauta, talvez não. Não existe certo ou errado. É você quem escolhe a sua vida. Mas faça isso de forma consciente. Aproveite para refletir, agora, sobre o significado que você dá para as coisas.

Escreva aqui o que as coisas listadas a seguir representam em sua vida:

Trabalho:

Relacionamento:

Homem:

Mulher:

Diversão:

Sexo:

Maternidade:

Sucesso:

Dinheiro:

Corpo:

Beleza:

Ambição:

Para alguns homens, trocar fralda ainda é uma fraqueza. Da minha parte, acredito que é um momento de conexão com a filha ou o filho. No que você acredita?

Para muitos homens, ganhar menos que uma mulher é vergonhoso e vai contra ao estereótipo do homem forte e provedor. Será que esse estereótipo faz dele mais feliz?

Por outro lado, para muitas mulheres, trabalhar fora é ser uma mãe negligente. Para mim, trabalho é sinal de liberdade. E é um dos valores que quero passar para minha filha.

Ambição também sempre foi algo extremamente aplaudido no universo masculino e fortemente criticado no universo feminino. E por quê? Uma mulher ambiciosa nada tem de errado. De novo, aqui está uma construção machista para uma característica extremamente necessária para mulheres que querem ter negócios bem-sucedidos.

Percebe que somos nós que damos o significado para as coisas?

Reescreva tudo, agora, de forma mais construtiva, feliz e que ressoe com seus verdadeiros valores. É você quem escolhe o que cada uma dessas coisas significa para você e para sua família.

#eudecido

Trabalho:

Relacionamento:

Homem:

Mulher:

Diversão:

Sexo:

Maternidade:

Sucesso:

Dinheiro:

Corpo:

Beleza:

Ambição:

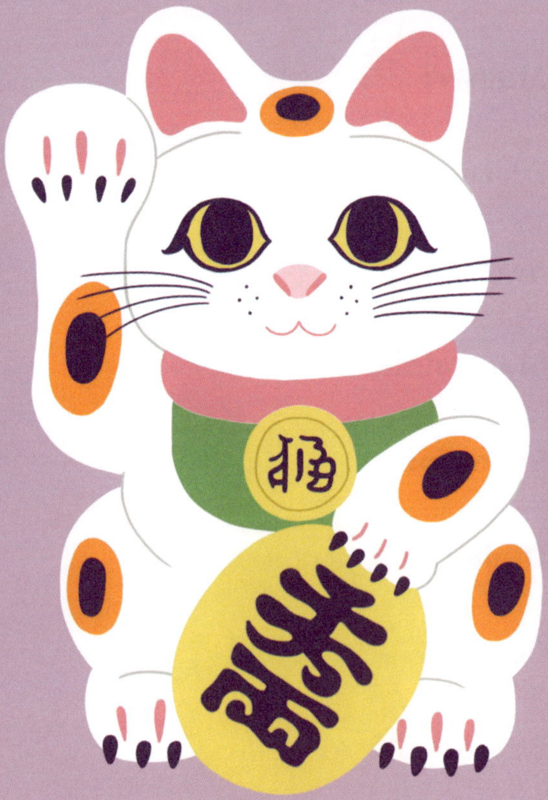

Não existe liberdade sem liberdade financeira

Não existe liberdade sem liberdade financeira. Então, para mim, a ideia de depender de outra pessoa financeiramente sempre foi impossível porque isso sempre significou entregar minha liberdade de decidir para outra pessoa. Vai contra um dos meus maiores valores: o da liberdade de escolha. Foi assim que decidi que eu iria ganhar meu próprio dinheiro.

Se você não é dona do seu próprio dinheiro, não é bem você que decide sua vida. É? Sempre nos fizeram acreditar que dinheiro não é coisa de mulher. Que dinheiro é sujo. Que mulher gosta mesmo é de gastar. Mas dinheiro é a manifestação do nosso trabalho, da nossa colaboração para o mundo. Dinheiro é energia.

Já estive num relacionamento longo em que me foi sugerido parar de trabalhar, isso bem no ápice da minha carreira de editora de moda. Próxima de atingir um sonho, veio-me essa sugestão, porque lugar de mulher era dentro de casa.

Mesmo aquilo sendo completamente surreal, entrei num conflito enorme. Como abrir mão de um relacionamento por um trabalho? Que tipo de mulher eu era? Mas, desde criança, lembrava-me de um ensinamento da minha mãe: trabalhe, ganhe seu dinheiro. Isso é a sua liberdade.

Carol Sandler
Criadora da plataforma Finanças Femininas

O que você faria se dinheiro não fosse uma preocupação? Muitas mulheres pediriam demissão na hora e iriam em busca de um trabalho que trouxesse alegria e propósito. Outras sairiam daquele casamento que não traz mais felicidade. Dinheiro é a forma de exercer as suas escolhas. Liberdade, acesso, segurança: é sobre isso que falamos quando falamos sobre dinheiro.

Construir a sua independência financeira não é tão difícil quanto parece. O pulo do gato é você não gastar tudo o que ganha. Aprender a viver com menos do que se ganha é uma das lições mais poderosas da vida. Esse é o único jeito de construir uma reserva financeira. Aos poucos, com consistência, você guarda o dinheiro que será o seu passe para a liberdade. Com alguns sacrifícios no presente, você pode construir o futuro que tanto deseja. Eu garanto: vale a pena o esforço. Vamos juntas?

Dinheiro é a forma de exercer as suas escolhas. Liberdade, acesso, segurança: é sobre isso que falamos quando falamos sobre dinheiro.

Seja responsável pela sua vida

No mundo em que vivemos, precisamos de dinheiro. A falta dele cria brigas, fome, desespero e perdas. Quando começa a se responsabilizar pelo próprio dinheiro, você passa a se responsabilizar por você também e para de culpar os outros pelas coisas que não aconteceram em sua vida.

Não deixe isso na mão de outra pessoa. É você quem quer o seu melhor, não? Para realizar seus sonhos, você precisa ser quem decide sobre a sua vida. Para isso, você precisa ganhar dinheiro.

Decida agora mesmo que o seu dinheiro é um problema seu.

Porque sua liberdade também depende dele.

Finanças pessoais

Começar a se responsabilizar pelo seu dinheiro parte das suas finanças pessoais. Para isso, precisamos aprender a usar nosso dinheiro de forma consciente. Educação financeira deveria ser ministrada nas escolas, mas, como ainda não é, tive de aprender com a vida. Aqui vão algumas dicas para você.

1 - Separe seus gastos essenciais dos seus gastos superficiais. Os gastos essenciais são aqueles de que você precisa para viver: relativos a casa, comida, transporte, saúde. Os gastos superficiais são aqueles gastos com lazer, beleza, viagens.

2 - Tenha um registro de todos os gastos: isso trará consciência sobre como você está usando seu dinheiro e se está gastando mais do que pode.

3 - Invista pelo menos 10% do que você ganha (eu invisto 20%). Isso vai garantir o seu futuro. Falaremos de investimentos nos próximos capítulos.

Aproveite este momento e planeje a divisão de seus gastos. Você sabe de quanto precisa para viver um ano da sua vida? Veja com que você pode economizar.

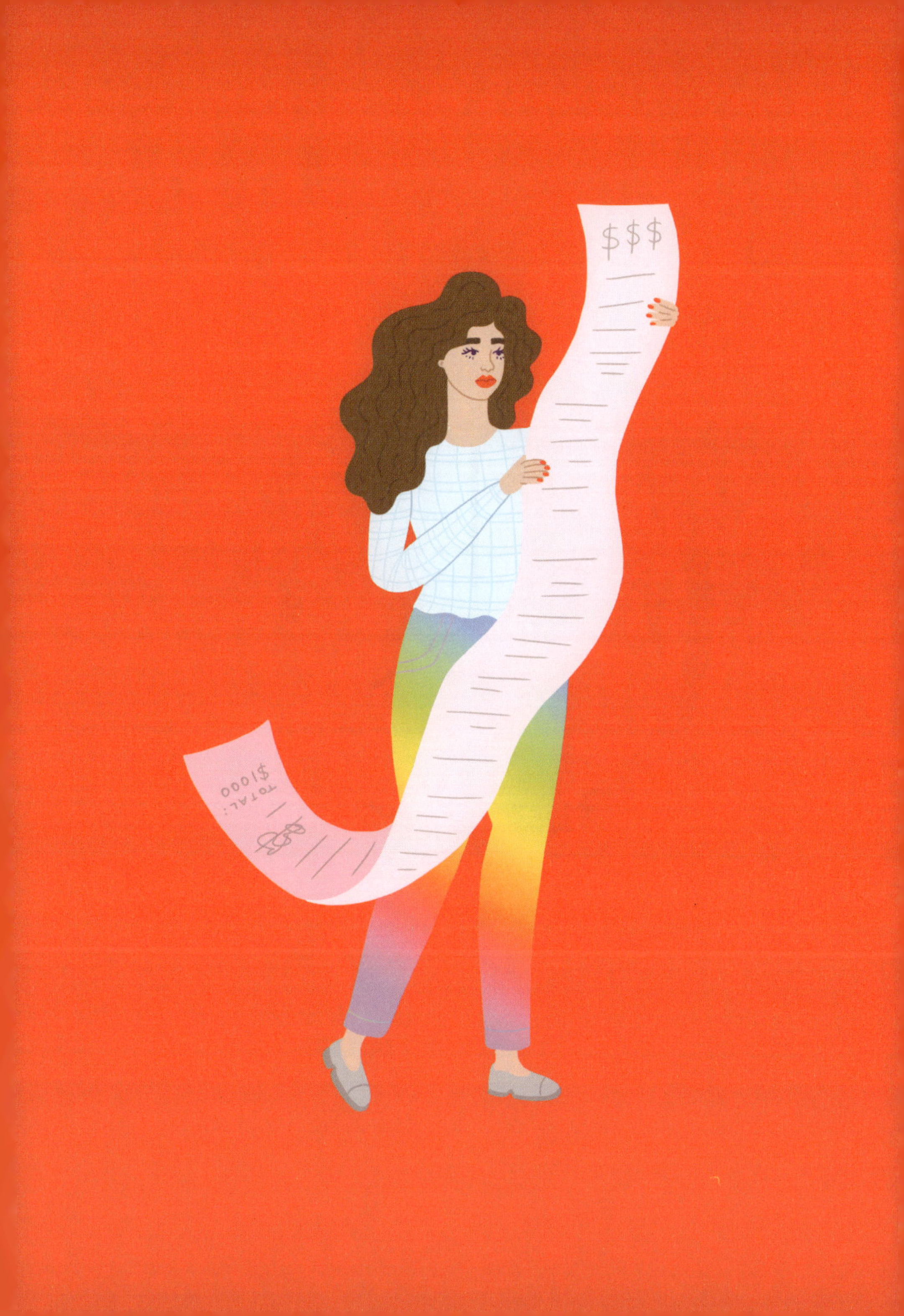
$$$
TOTAL: $1000

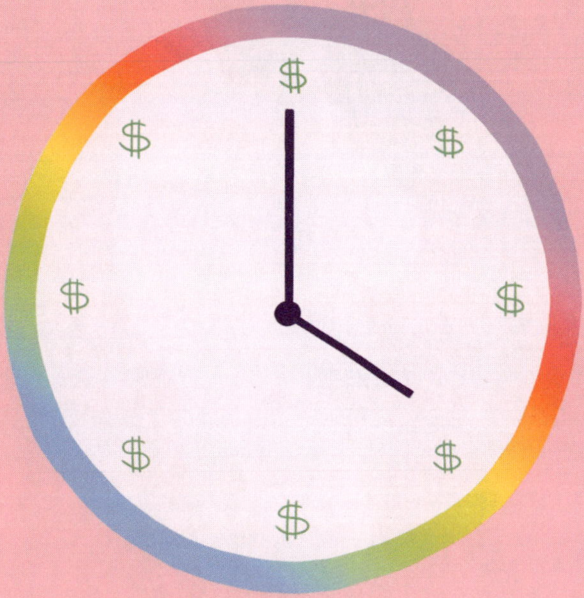

O luxo de hoje é ter tempo, ser chic é fazer a diferença

Se antes o luxo era possuir coisas, hoje o luxo é ter tempo. Tempo para sua família e seus amigos. Tempo para realizar um trabalho de impacto positivo. Tempo para se exercitar, meditar. Tempo para você. Para viver novas experiências. E por falar em luxo, vale ressaltar que o significado de "ser chic" também mudou. Ser chic nada mais tem a ver com o que você tem, as marcas que você veste, as bolsas e sapatos que usa, seu estilo de cabelo ou a forma que pinta as unhas. Ser chic é ter respeito às diferenças. Ser chic é ser você, é ser autêntico e o quanto você usa do seu tempo para cuidar do próximo e fazer a diferença na vida de alguém. Aprenda a se organizar, planeje-se. Use seu tempo com mais consciência e amor para aquilo que ressoe com seu coração e seus valores.

Será que você vende seu tempo?

Toda vez que compra algo de que não precisa, você está vendendo seu tempo. Toda vez que compra mais uma bolsa, mais uma joia, mais um objeto, um carro, ou qualquer coisa desnecessária, você está vendendo seu tempo. Já parou para pensar em quantas horas de trabalho foram necessárias para produzir aquela quantidade de dinheiro?

Não estou falando que você não pode comprar mais nada. Ter coisas materiais faz parte da vida e pode ser gostoso. Mas comece a tomar consciência disso, para fazer escolhas melhores. Há uma regra que eu uso quando quero comprar algo de que não preciso. Espero sete dias para saber se realmente quero aquilo. Se realizar aquela compra vai mesmo valer a pena. Isso evita compras por impulso, feitas no calor do momento, ou voltadas meramente a suprir alguma insegurança, carência, ou para proporcionar um prazer instantâneo que não tardará a passar.

Será que você precisa mesmo de cada uma dessas fontes de gasto?

Sempre que deixa de gastar com algo superficial, você ganha tempo. Tempo: nosso asset mais precioso numa era na qual tudo passa e muda tão rápido.

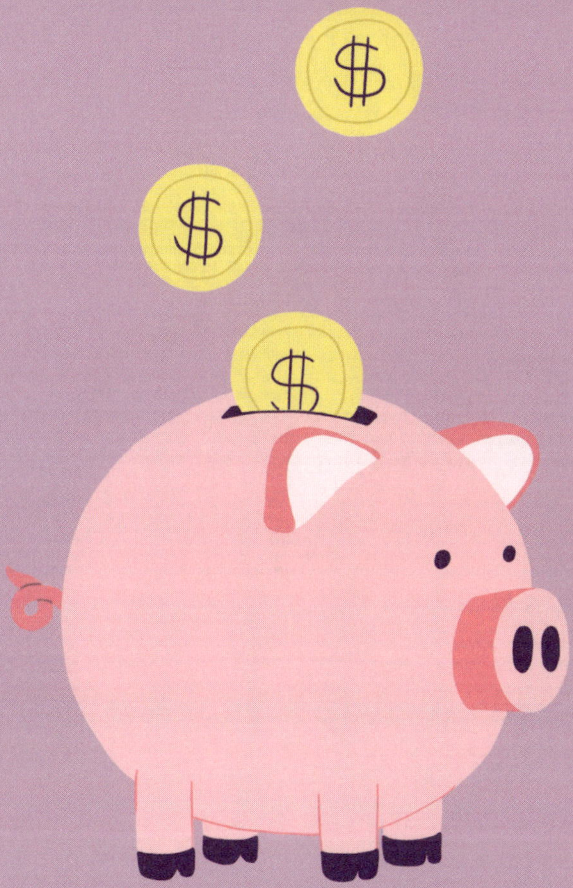

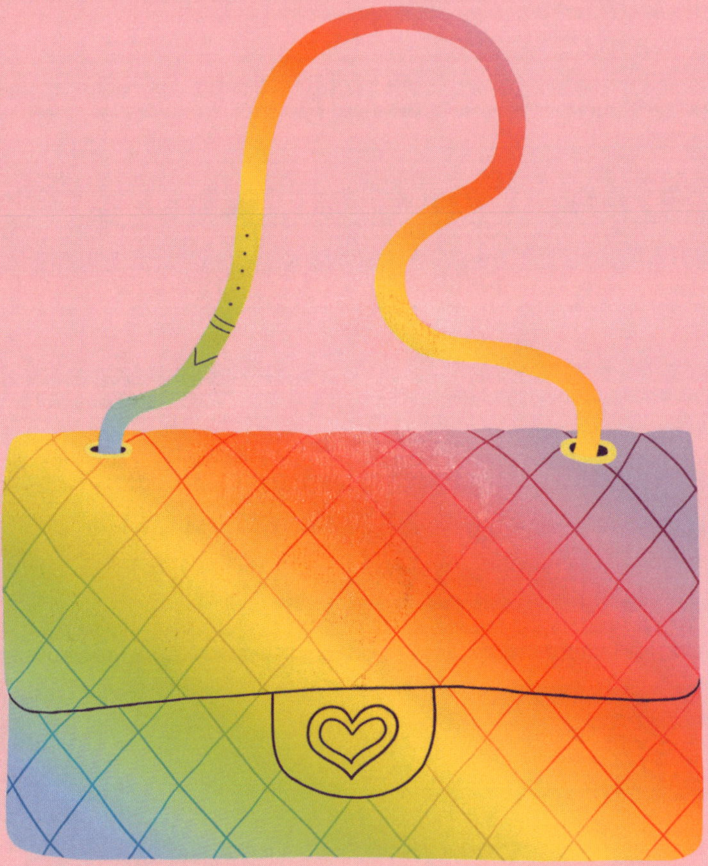

Investir é comprar tempo

Quando você deixa de gastar, percebe que pode começar a usar aquele dinheiro para investir, começar seu negócio ou apoiar uma causa que acredita. Quando investe, você literalmente ganha tempo que precisaria estar trabalhando. É fazer o seu dinheiro trabalhar por você.

Não é maravilhoso? Uma vez ouvi de uma economista, em vez de comprar uma bolsa, você compra uma ação na bolsa (com cuidado, claro). Essa ação, em alguns anos, poderá ter feito seu dinheiro se multiplicar. Agora, em vez de ter mais uma bolsa, você pode ter a segurança de dispor daquele dinheiro, o conforto de escolher os trabalhos que vai fazer ou se depois vai usá-lo de forma mais consciente. O tempo que você economiza quando investe de forma segura pode ser o tempo que você tanto precisava para você realizar seus sonhos.

Investir é para você, sim!

Investir não é um bicho de sete cabeças. Aqui vão algumas dicas para você começar a fazer o seu dinheiro trabalhar por você. Todo mês, antes de realizar qualquer pagamento, separe pelo menos 10% do que ganhou e invista. Esse percentual pode ser até maior. Eu invisto 20% do que ganho. Há quem chegue a investir 50%. Essa decisão fica a seu critério.

Decida agora qual percentual do seu salário você irá investir. Não fique mudando de ideia. Isso pode gerar bastante angústia e levá-la, eventualmente, a desistir.

Uma forma de criar o hábito é não deixar esse dinheiro sequer entrar na sua conta, para você não o acabar gastando. Aplique-o imediatamente

Para ficar mais prático, vou dar um exemplo simples: se você ganha R$ 1.000 por mês e decidiu que mensalmente irá investir 10% do que ganha, todo mês você irá investir R$ 100.

Uma boa dica dada, por Warren Buffett, é dividir seus investimentos em três potes. Vamos chamar o primeiro de pote da segurança; o segundo, de pote do crescimento; e o terceiro, de pote dos sonhos.

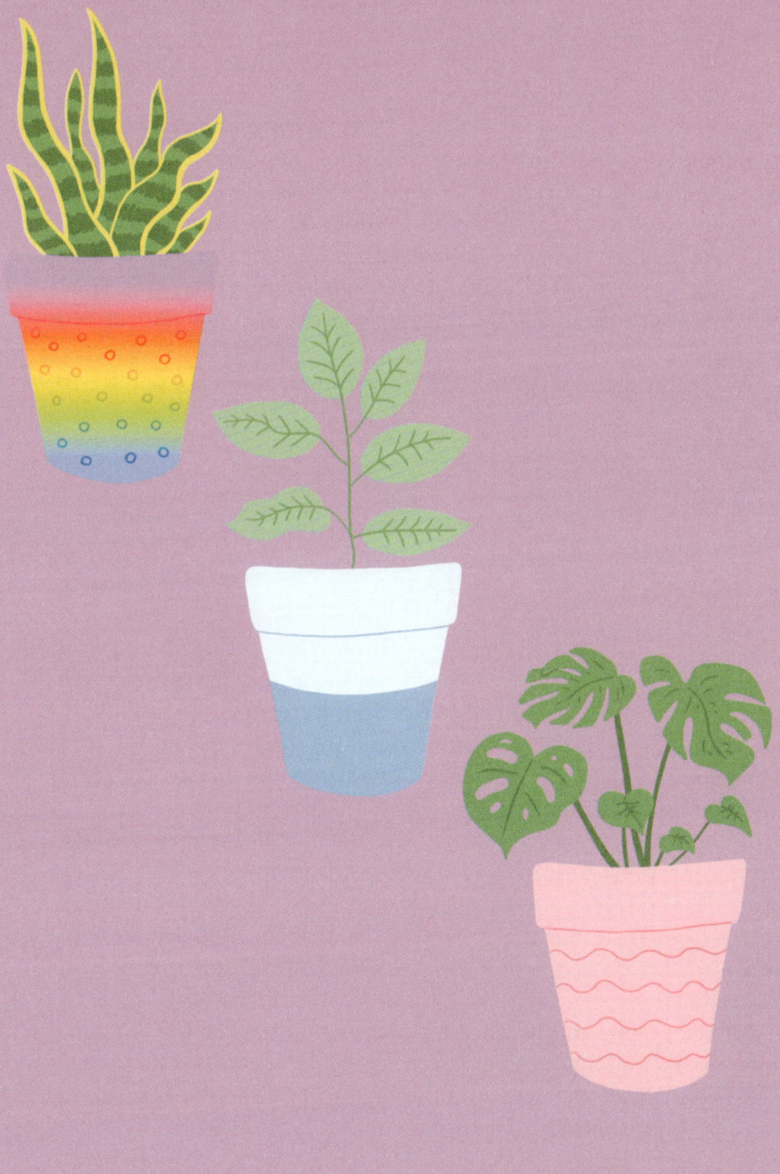

Pote da segurança

Aqui, você irá pôr 70% do valor que está investindo todo mês, escolhendo investimentos menos arriscados, de menor retorno, mas mais seguros por natureza.

Alguns exemplos são: renda fixa (tesouro direto, títulos privados e fundos de títulos públicos e privados). Esses são os investimentos de risco mais baixo e que dificilmente resultarão em perdas, mas, como o próprio nome diz, darão um retorno fixo. Por isso, seu retorno tem um teto.

Ou seja, se você for investir R$ 100 por mês, aqui você põe R$ 70.

Pote do crescimento

Aqui, você irá designar 30% do valor que está investindo todo mês. Trata-se dos investimentos que têm potencial de crescimento mais rápido, mas também são investimentos mais arriscados.

Alguns exemplos são: fundos ou investimentos diretos em ações, multimercado e/ou imobiliário.

O importante aqui é controlar seu emocional. Lembre que tudo o que sobe pode descer. Não mude de investimentos no calor do momento. Prefira empresas que são mais consolidadas por natureza.

Fica também a sugestão para você não colocar todo seu dinheiro aqui no calor do momento, uma vez que este é um investimento arriscado.

Por isso, é importante você ter uma regra de investimento clara, como no exemplo que estou dando – 70% do seu salário no pote da segurança, e 30% no pote do crescimento –, de modo que, assim, você não fique tentada a se arriscar demais.

Dependendo do seu perfil de investidora, esse percentual pode mudar. Você pode optar por 80% no pote da segurança e 20% no do crescimento, ou até 60% no da segurança e 40% no do crescimento. Essa é uma decisão muito pessoal, que depende do risco que está disposta a correr.

De minha parte, fico em 70% e 30%, respectivamente.

Pote dos sonhos

Quando você começar a ter lucro no pote do crescimento, divida esse lucro em três. Por exemplo, num dia você lucra nele R$ 1.000. Um terço desse valor deve ir para o pote da segurança, um terço deve ser reinvestido no pote do crescimento, e um terço você poderá usar para realizar algum sonho material seu.

Seja ele uma viagem, uma joia, uma casa na praia, abrir uma ONG ou um novo negócio.

Nunca tire o lucro que esteja fazendo da categoria segurança. Esta está ali visando o seu futuro.

Você já parou para pensar que, cada vez mais, a vida tem se tornado mais longa?

Não deixe para amanhã para começar a investir. Quanto antes você o fizer, mais rápido seu dinheiro começará a trabalhar para você.

Observação: Não comece a investir sem estudar melhor sobre investimentos ou com a ajuda de um profissional da área que possa te ajudar a fazer as escolhas seguras e certas para você.

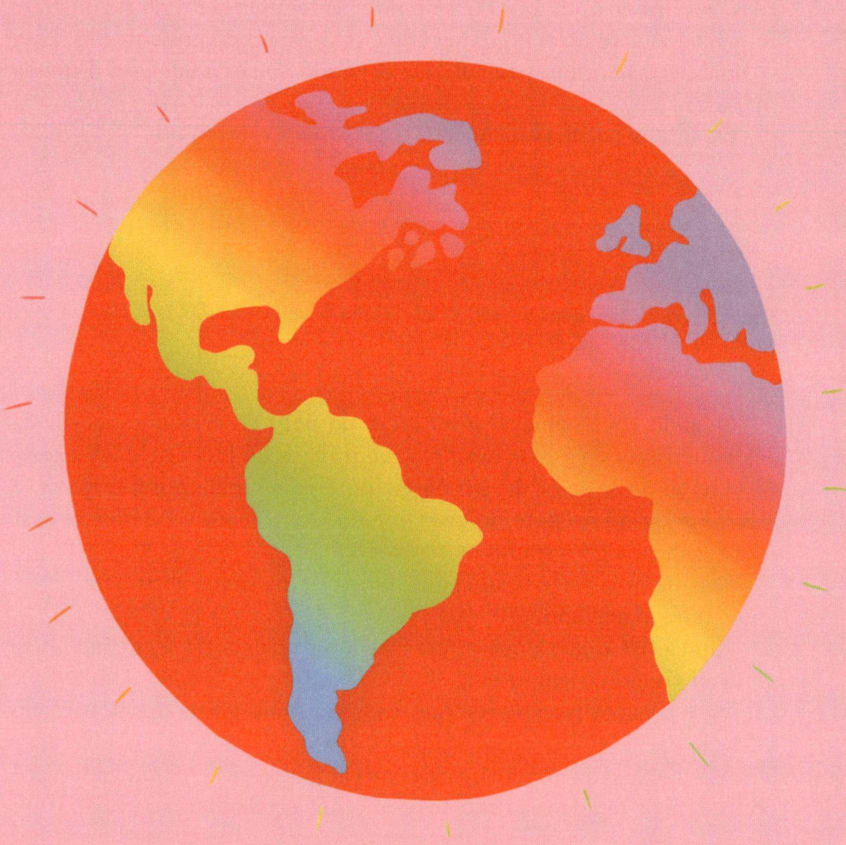

Olhe para o futuro

O futuro carrega novos desafios. A inteligência artificial, a robótica e as novas tecnologias vão transformar todo o mercado de trabalho que conhecemos atualmente. Seja amiga das inovações, não vá contra elas. É um caminho sem volta. Aprenda a usar a tecnologia a seu favor e tenha curiosidade para aprender, se reinventar, criar. Saiba que as mudanças vão acontecer. Não seja resistente, já que elas são oportunidades de negócios para você. Num futuro próximo, os trabalhos de hoje serão instintos e os adultos terão de aprender novas profissões.

Por isso, não perca tempo, estude e se mantenha sempre atualizada. É possível que tenhamos de trocar de profissão a cada dez anos. Use isso a seu favor. Esteja constantemente se recapacitando, não importando a sua idade. Quem fica parada no tempo poderá acabar sem emprego. Aqueles com capacidade de se reinventar saem na frente. Pratique esse seu lado. Abra sua cabeça. Esqueça regras e estereótipos. Todos devem se acostumar com as mudanças e aprender a curti-las. Sua criatividade é sua maior moeda de troca.

Amanhã, suas habilidades e competências serão ainda mais valiosas. Aprenda a colaborar com o mundo. As empresas do futuro são aquelas que se preocupam com pessoas e com o mundo, não apenas com seus números.

Preocupe-se com o próximo e com o mundo à sua volta. O planeta é a nossa casa, e hoje já estamos vivendo um caos ambiental. A sustentabilidade não é só mais uma opção, e as empresas e pessoas que não se atentarem a isso serão descartadas.

Nossa liberdade também depende disso.

Cuidar da sua saúde mental é tão urgente quanto comer. O suicídio é um problema crescente. A terapia e a meditação são extremamente necessárias. Você pode ser seu pior inimigo. Cuide de você como cuida de quem ama. Invista tempo em você. Temos de nos readaptar, cada vez mais, estudar, crescer, nos aprimorar. Siga em frente, e lembre que seu estado emocional é quem lhe dá forças para ser quem você é. É ele que controla a felicidade ou a tristeza em sua vida. Não espere algo externo acontecer para ser feliz. Seja feliz hoje.

Seja grata pela sua vida sempre. Mesmo nos momentos mais difíceis, agradeça e aprenda com aquela dificuldade. Tente aprender sempre com a vida. Não queira controlar o que você não tem controle. Isso vai completamente contra a sua liberdade emocional.

Você não controla o que acontece na sua vida. Controla o sentido que dá para aquilo que está acontecendo. Às vezes, quando uma meta não é alcançada, existe um motivo maior por trás disso. Tenha fé. Encare a vida com mais leveza. Tenha menos regras. A vida é feita para ser alegre e com amor. Confie em você. Agora você reativou sua potência.

Seja sempre Free Free.

Tenha fé.
Encare a vida
com mais leveza.
Tenha menos regras.
A vida é feita
para ser alegre
e com amor.
Confie em você.
Agora você reativou
sua potência.

Seja sempre
Free Free.

**<u>Você ainda vive o mito
da mulher perfeita se:</u>**
Sente que seu corpo está fora do padrão.

Não existe padrão.

**<u>Você ainda vive o mito
da mulher perfeita se:</u>**
*Ainda se contenta em ter a "ajuda" do
pai do seus filhos na educação deles.*

Pais têm as mesmas responsabilidades de criação que as mães.

**<u>Você ainda vive o mito
da mulher perfeita se:</u>**
*Ainda se sente mal por não estar casada
aos 32, 40, ou em qualquer idade.*

Quem decide a idade que vai casar e se vai casar é você.

**<u>Você ainda vive o mito
da mulher perfeita se:</u>**
Ainda se sente fora da moda.

A moda quem cria é você.

**Você ainda vive o mito
da mulher perfeita se:**
Se sente mal por ser uma mulher divorciada.

Se seu casamento terminou não foi sua culpa.

**Você ainda vive o mito
da mulher perfeita se:**
Ainda tem medo que seu sucesso atrapalhe seu relacionamento ou maternidade.

Você merece seu sucesso. Ele não faz de você uma mãe pior e nem faz mal a um relacionamento saudável.

**Você ainda vive o mito
da mulher perfeita se:**
Ainda está se pressionando a dar conta de tudo.

Vamos nos libertar?

Você é perfeita como você é.

Considerações finais

Este livro é baseado no Ciclo Free Free, programa criado para auxiliar mulheres em situações de vulnerabilidade emocional e social a encontrar sua potência criativa e se tornar livres.

Esse é
o meu sonho
para o mundo.

Venha fazer parte desse sonho, seja Free Free.
Siga @freefree.xx.

O tamanho do seu privilégio é do tamanho da sua responsabilidade social.

Você pode fazer a diferença na vida de outras mulheres.

Carta final

Parabéns! Se chegou até aqui, é porque você realmente está comprometida a romper com o mito da mulher perfeita e se tornar uma mulher livre, uma mulher Free Free. Que orgulho estou sentindo de você! Fico muito feliz e grata de poder fazer parte da sua transformação. Espero que o livro tenha aberto infinitas possibilidades e que, agora, você esteja pronta para viver a sua história como escolher.

Sempre que ficar na dúvida de quem você é e do que é capaz, use este livro para se lembrar de quão especial você é. Toda essa força, potência e criatividade sempre estiveram dentro de você.

Beijo carinhoso,

Yasmine <3
#soufreefree

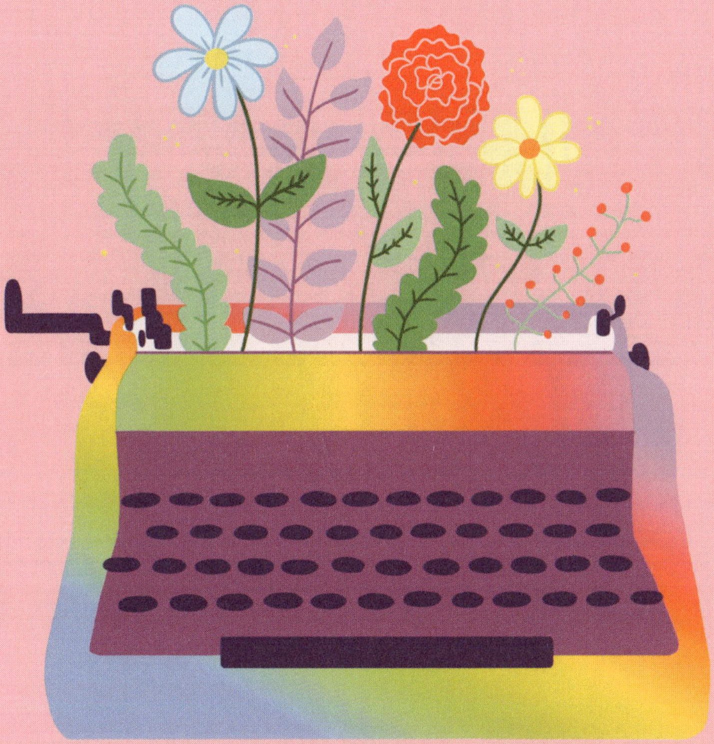

Sobre a autora:

Mãe de Violeta Lua, filha de Lillian Rose, Yasmine McDougall Sterea é também Jasmim e parte da família das flores. Intuitiva. Sempre sonhadora. Mulher selvagem, loba, zebra. Plural por natureza. Bailarina por formação. Ex-estudante de direito. Diretora criativa, stylist, empreendedora social. Mãe. Palestrante. Mulher guerreira. Forte. Daquelas que desbravam o novo com coragem. Pioneira. Já morou em Londres, Nova York, Rio, São Paulo. Cigana? Talvez. É artista. Vai do mato, a cidade, ao cobertor. Ama, ama profundo como as águas. Aqui, deixa parte de sua história. Um guia prático, honesto, para você, mulher, encontrar a liberdade que já tem dentro de si. Seja viva, seja cor. Honre sua história. Seja você sempre, por favor. Sejamos livres, mulher guerreira. Sejamos força juntas.

Yasmine é mestre em moda pelo Instituto Marangoni de Londres. Já assinou mais de vinte capas para Vogue com nomes como Rihanna, Gisele Bündchen, Adriana Lima, Naomi Campbell, Kim Kardashian. Fez "Vai, malandra" com Anitta. Hoje, é CEO e diretora criativa do Free Free, plataforma multidisciplinar e instituto que visa liberdade física, emocional e financeira de meninas e mulheres. É criadora do Zebra Zebra e Co-CEO da Plano Free Free, maior holding de impacto real para meninas e mulheres com foco em educação e independência feminina. Lançou as campanhas #EuDecido e #A_GENTE com o Ministério Público. Já palestrou no Congresso Nacional. E desenvolveu a metodologia Free Free, que usa a moda como ferramenta de cura e reconexão com a potência criativa. Já ministrou workshops para mulheres superadoras de violência. Para crianças e adolescentes de comunidades. Foi nomeada uma das dezenove mulheres de 2019 pela Universa, UOL. Sonha por um mundo mais justo e igualitário em que mulheres nunca mais sintam vergonha, medo ou culpa e se libertem do mito da mulher perfeita e se tornem quem quiserem ser. Hoje sonha alto. Bem alto. Porque o limite de onde chegamos vem da nossa coragem e não das paredes sólidas que podemos quebrar. Então, cara leitora, este voo aqui vai até o infinito. Porque enquanto existirem mulheres que ainda não se libertaram, no Brasil ou no mundo, seu trabalho seguirá. Yasmine é autora de histórias. Criadora de ideias. Yasmine acredita que, se nos unirmos criativamente por um mundo melhor, todas viramos artistas, criadoras e cocriadoras. Dessa e de muitas outras histórias também. Sejamos lindas, belas, leoas, zebras. Sejamos mulheres, flores, donas de nossas histórias.

Sejamos livres. Juntas.

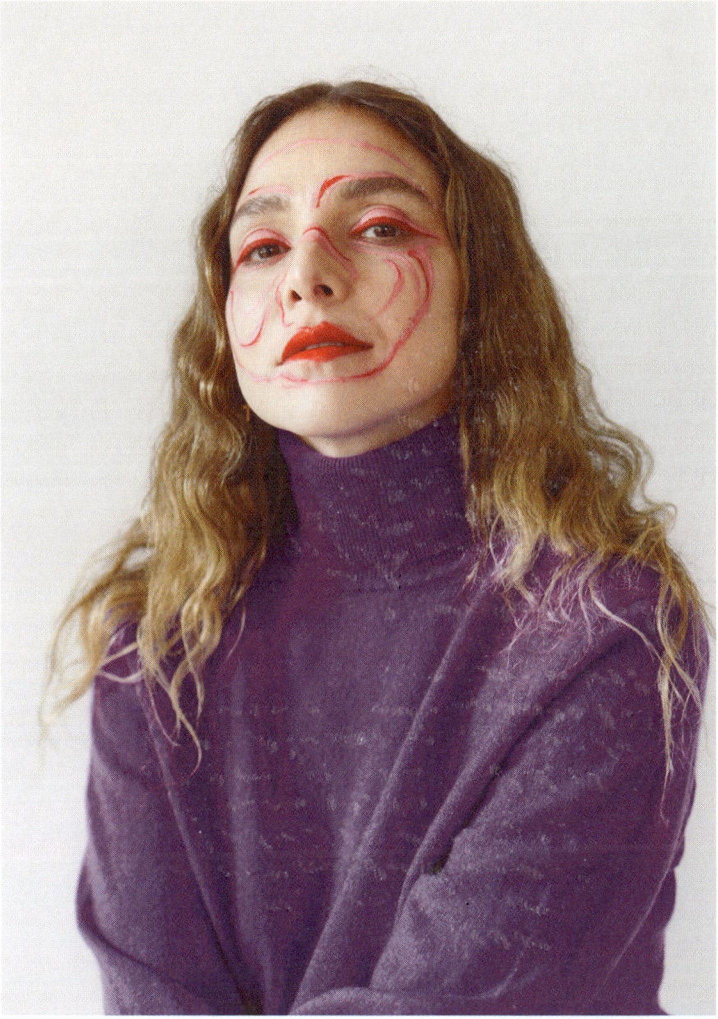

Agradecimento especial a
Patrick McDougall Sterea, meu
irmão de sangue, de alma e
de história.

Alma gêmea.
Amo você.

Um obrigada a Riachuelo
e ao Núcleo de Gênero do
Ministério Público

EU DECIDO SER EU EU DECIDO SER EU DECIDO SER EU
DECIDO SER EU DECIDO SER EU DECIDO SER EU DECIDO
SER EU DECIDO SER EU DECIDO SER EU DECIDO SER EU
DECIDO SER EU DECIDO SER EU DECIDO SER EU DECIDO
SER EU DECIDO SER EU DECIDO SER EU DECIDO SER EU
DECIDO SER EU DECIDO SER EU DECIDO SER EU DECIDO
SER EU DECIDO SER EU DECIDO SER EU DECIDO SER EU
DECIDO SER EU DECIDO SER EU DECIDO SER EU DECIDO
SER EU DECIDO SER EU DECIDO SER EU DECIDO SER EU
DECIDO SER EU DECIDO SER EU DECIDO SER EU DECIDO
SER EU DECIDO SER EU DECIDO SER EU DECIDO SER EU
DECIDO SER EU DECIDO SER EU DECIDO SER EU DECIDO
SER EU DECIDO SER EU DECIDO SER EU DECIDO SER EU
DECIDO SER EU DECIDO SER EU DECIDO SER EU DECIDO
SER EU DECIDO SER EU DECIDO SER EU DECIDO SER EU
DECIDO SER EU DECIDO SER EU DECIDO SER EU DECIDO
SER EU DECIDO SER EU DECIDO SER EU DECIDO SER EU
DECIDO SER EU DECIDO SER EU DECIDO SER EU DECIDO
SER EU DECIDO SER EU DECIDO SER EU DECIDO SER EU
DECIDO SER EU DECIDO SER EU DECIDO SER EU DECIDO
SER EU DECIDO SER EU DECIDO SER EU DECIDO SER EU
DECIDO SER EU DECIDO SER EU DECIDO SER EU DECIDO
SER EU DECIDO SER EU DECIDO SER EU DECIDO SER EU